澳门城市大学学术论丛

现代汉语提升与控制结构研究

本书为国家社科基金重大项目
【生成语法的汉语研究与新时代汉语语法理论创新】（18ZDA291）阶段性成果之一

胡 波／著

知识产权出版社
全国百佳图书出版单位
——北京——

图书在版编目（CIP）数据

现代汉语提升与控制结构研究 / 胡波著 .—北京：知识产权出版社，2020. 10

ISBN 978-7-5130-7227-4

Ⅰ. ①现…　Ⅱ. ①胡…　Ⅲ. ①现代汉语—研究　Ⅳ. ①H109. 4

中国版本图书馆 CIP 数据核字（2020）第 194218 号

责任编辑： 刘　睿　刘　江　　　**责任校对：** 王　岩

封面设计： 博华创意 · 张冀　　　**责任印制：** 孙婷婷

现代汉语提升与控制结构研究

胡　波　著

出版发行：知识产权出版社 有限责任公司　网　址：http：//www. ipph. cn

社　址：北京市海淀区气象路 50 号院　邮　编：100081

责编电话：010-82000860 转 8344　责编邮箱：liujiang@ cnipr. com

发行电话：010-82000860 转 8101/8102　发行传真：010-82000893/82005070/82000270

印　刷：北京建宏印刷有限公司　经　销：各大网上书店、新华书店及相关专业书店

开　本：880mm×1230mm　1/32　印　张：7. 5

版　次：2020 年 10 月第一版　印　次：2020 年 10 月第一次印刷

字　数：162 千字　定　价：48. 00 元

ISBN 978-7-5130-7227-4

目　　录

导　言

导　言

本书主要介绍提升与控制结构的形式句法研究，并基于相关理论假设探讨汉语中的提升与控制现象。

提升与控制理论是形式句法研究中非常重要的一部分，与移位、空语类、题元理论等相互作用，推动着句法理论的发展。本书第一章介绍提升与控制理论的发展历程。从标准理论阶段、扩充标准理论阶段、管辖与约束理论到最简方案阶段，提升与控制理论不断完善对不同语言中语迹 t 和空主语 PRO 的解释力，发展具有高度概括特征的普遍语法规则。随着句法研究的持续发展，越来越多的关于提升与控制的语言现象被发掘并引起学界的关注，挑战着提升与控制理论。

第二章探讨汉语 A+I 结构，认为汉语提升结构的主动词为单纯致使动词，主动词后名词短语为补语分句的主语，作为分句动词的域外论元获得题元角色，并提升至 AgrOP 的指示语位置上，核查为宾格；控制结构的主动词属于除单纯致使义动词外的兼语动词，主动词后名词短语作为主动词的域外论元获得题元角色，并核查为宾格，主句与不定式分句的语义联系通过核查主动词后名词短语与 PRO 是否同标共指来实现。A+I（Accusative plus Infinitive）结构在最简方案框架下分析为宾语提升结构或控制结构，具有语言学普遍意义。

汉语空语类研究一直是汉语学界关注的热点话题之一。第三章结合句法、语义和语用探讨空主语 PRO 和现代汉语控制结构的分类及其特征。汉语控制结构的分类及特征既体现了控制结构的普遍性，又展示了汉语言的个性。单纯的句法结构特征并不足以决定某一例句属于某种控制结构，还需要结合语义和语用因素来补充说明，才能对其控制类型加以区分。

汉语情态助动词是具有情态意义的辅助性动词，是研究提升与控制理论很好的切入点。第四章分析现代汉语情态助动词的区别性特征及其范围，并在原则与参数理论框架下从论元结构、语义限制、否定、被动化等方面探讨汉语情态助动词的提升与控制。提升情态助动词是包含命题子句论元的一元动词，允准子句主语提升为主句主题，不限制提升主语的语义内涵，不可以用“没、没有”否定，其带被动化子句结构与带主动子句结构的意义相近。控制情态助动词为包含事件论元和非典型施事论元的二元动词，可以用“没、没有”否定，其带被动化子句结构与带主动子句结构的意义相差较大。两类情态助动词子句的名词短语提升为句子主题受限于子句动词的句法语义特征。

第五章探讨汉语情态动词结构的移位现象，指出汉语情态动词句法上可以区分提升与控制两类，其中提升情态动词以命题子句为补足语，可再分为强制与非强制提升两类。“会、要”为强制提升动词，其子句主语强制提升属于论元移位，遵循移位的最简性。“可能、应该”和证据型情态动词“看上去、听起来”等为非强制提升动词，子句主语移位是话题提升的结果，属于非论元移位，不遵循移位的最简性。在与句末时体助词“了”的语义辖域、子句名词性成分移位、动词短语移位和情态连用等方面，两类提升结构表现出系统的差异。对情态助动词的深入研究有助于我们更好地了解汉语提升与控制结构的限制规则。

第六章对比分析不同语言中情态助动词的句法特征，如语义限制、补足语子句删除、移位、假拟分裂结构、子句时体标记，在生成语法理论框架分析情态助动词的相关理论假设，并基于特征核查修正情态助动词的提升与控制理论。笔者认为“移位论、控制移位论、移位与控制理论、一致理论”都在理论上或经验事实上存在较大的挑战，是在最简方案框架下提出基于特征核查的移位与控制假设。其中，提升假设认为提升动词的不定式子句中心 T 核查子句主语格位，EPP 特征驱动子句主语移位，但 CP 语段会阻碍子句主语的论元移位。控制假设认为控制动词的不定式子句中心 T 核查空主语 PRO 格位，并且 PRO 与最近成分统治它的先行语同标。不同语言情态助动词的句法特征不断丰富和挑战着提升与控制理论。

本书部分章节已经在《现代外语》《语言学论丛》《当代语言学》《澳门语言学刊》发表，此次重新结集出版，既对之前的论文进行了修正，又增加了笔者对现代汉语提升与控制结构的一些新思考。

第一章

生成语法框架下的提升与控制

一、引　言

提升与控制理论（the raising and control theory）是乔姆斯基（Chomsky）的生成语法系统中非常重要的组成部分之一，主要探讨以下几类句子结构：

（1） a. Barnett seemed to understand the formula.

b. Barnett tried to understand the formula.

（2） a. Barnett believed the doctor to have examined Tilman.

b. Barnett persuaded the doctor to examine Tilman.

例（1）和例（2）的两组句子都具有相似的句法结构，属于动词直接带不定式补足语结构或动词带名词短语和不定式补足语结构，但其句法属性相差很大，归为不同类型。例（1a）和（2a）分别为提升主语结构和提升宾语结构，即（1a）中主句主语 Barnett 是从不定式子句主语提升而来，（2a）中主句动词后的宾语是从不定式子句主语提升而来。例（1b）和（2b）分别为主语控制结构和宾语控制结构，即（1b）中不定式子句主语以主句主语为先行词，（2b）中不定式子句主语以主句宾语为先行词。

自20世纪60年代以来，生成语法学界围绕这四种句式的研究层出不穷，其与提升与控制相关的假设成为生成语法研究的热点话题。本章聚焦提升与控制结构四种句式的差异，从生成语法发展的四个阶段探讨提升与控制理论的形成及演变历程。

二、提升与控制理论的演变

（一）标准理论阶段（1965～1973）

乔姆斯基（Chomsky，1965：22-24）分析了英语中两类带名词短语和不定式补足语的动词，如下：

（3）a. I persuaded John to leave.

b. I expected John to leave.

乔姆斯基指出例（3）中两句结构相似，但其动词具有不同的句法特征，在不定式子句的被动化现象上差异明显。

（4）a. I persuaded a specialist to examine John.

b. I persuaded John to be examined by a specialist.

（5）a. I expected a specialist to examine John.

b. I expected John to be examined by a specialist.

他从逻辑上指出例（4）中的两句话则没有认知上的同义关系（Cognitively Synonymous），即（4a）的真假独立于（4b）的真假。例（5）中的两句话具有认知上的同义关系，即（5a）为真当且仅当（5b）为真，反之亦然。此外，（4a）中，a specialist 作为动词 persuade 的直接宾语和不定式子句的逻辑主语和语法主语；（4b）中 John 是动词 persuade 的直接宾语和不定式子句的语法主语，同时语义上是不定式子句的逻辑宾语。而例（5）不同于例（4），John 和 a specialist 都不是动词 expect 的直接宾语，John 是子句的逻辑宾语，a specialist 是子句的逻辑主语。例（4）和例（5）的底层结构如下所示：

（6）a. 名词短语—动词—名词短语—子句

（I-persuaded-a specialist-a specialist will examine John）.

b. 名词短语—动词—名词短语—子句

（I-persuaded-John-a specialist will examine John）.

（7）a. 名词短语—动词—子句

（I-expected-a specialist will examine John）.

b. 名词短语—动词—子句

（I-expected-a specialist will examine John）.

上述分析表明例（4）的两句具有不同的底层结构，而例（5）的两句则底层结构相同。据此可以解释两者在语义上的差异。依此，乔姆斯基分析了表层结构与底层结构的关系，指出表层结构相同的句子其底层结构却相差很大，并解释了两者的语义特征。

罗森鲍姆（Rosenbaum，1967）则进一步分析了这几类动词的底层结构及其句法派生规则，认为 seem、expect 类提升动词结构相继经过一系列派生规则转换而来，如标句词插入（Complementizer Insertion）、外置（Extraposition）、代词替换（Pronoun Replacement）和标句词删除（Complementizer Deletion）。

（8）a. [$_{NP}$ [it] [$_{S}$ Barnett understand the formula]] seemed. 底层结构

b. [$_{NP}$ [it] [$_{S}$ for Barnett to understand the formula]] seemed. 标句词插入

c. [$_{NP}$ [it]] seemed [$_{S}$ for Barnet to understand the formula]. 外置

d. [$_{NP}$ [Barnett]] seemed [$_{S}$ for to understand the formula]. 代词替换

e. [$_{NP}$ [Barnett]] seemed [$_{S}$ ~~for~~ to understand the formula]. 标句词删除

（9） a. Everyone expected [$_{NP}$ [it] [$_{S}$ Dana win the election]]. 底层结构

b. Everyone expected [$_{NP}$ [it] [$_{S}$ for Dana to win the election]]. 标句词插入

c. Everyone expected [$_{NP}$ it] [$_{S}$ for Dana to win the election]. 外置

d. Everyone expected [$_{NP}$ Dana] [$_{S}$ for to win the election]. 代词替换

e. Everyone expected [$_{NP}$ Dana] [$_{S}$ ~~for~~ to win the election]. 标句词删除

罗森鲍姆认为并非所有带补足语的动词都会触发提升，只有具有［+PR］（Pronoun Replacement）词汇特征的提升动词才会触发代词替换。他认为 expect 类动词为宾语提升动词，不同于宾语控制动词 persuade，依此解释了提升结构中的反身代词和相互代词现象。

（10） a. * Mary expected [$_{S}$ (that) herself would finish soon].

b. * The children believe [$_{S}$ (that) each other is intelligent].

c. Mary expected herself to finish soon.

d. The children believe each other to be intelligent.

在标准理论阶段，提升操作是以句子为单位，即只能越过一个句子节点，而反身代词化和相互代词允准，则是在句子内进行。因此，例（10a、b）不合法是因为两句中主动词 expect 和 believe 后的补足语子句为定式子句，反身代词和相互代词在子句内不能得到允准。例（10c、d）中，动词 expect 和 believe 的补足语为不定式子句时，反身代词和相互代词都可以得到允准。因此，罗森鲍姆推断，不定式子句的逻辑主语在表层结构中已经提升为主句宾语。

罗森鲍姆认为，控制结构是由底层结构经过一系列句法派生过程生成的，如标句词插入、同名删除和标句词删除，其过程如例（11）、例（12）。

（11） a. Barnett tried[$_{S}$[$_{NP}$Barnett] understand the formula]. 底层结构

b. Barnett tried[$_{S}$ for[$_{NP}$ Barnett] to understand the formula]. 标句词插入

c. Barnett tried [$_{S}$ for [$_{NP}$ ~~Barnett~~] to understand the ~~formula~~]. 同名删除

d. Barnett tried[$_{S}$ ~~for~~[$_{NP}$ ~~Barnett~~] to understand the formula]. 标句词删除

（12） a. Barnett persuaded[$_{NP}$ the doctor] [$_{S}$ [$_{NP}$ the doctor] examine Tilman]. 底层结构

b. Barnett persuaded[$_{NP}$ the doctor] [$_{S}$ for[$_{NP}$ the doctor] to examine Tilman]. 标句词插入

c. Barnett persuaded[$_{NP}$ the doctor] [$_{S}$ for[$_{NP}$ ~~thedoctor~~] to examine Tilman].同名删除

d. Barnett persuaded[$_{NP}$the doctor][$_{S}$~~for~~[$_{NP}$~~thedoctor~~] to examine Tilman].标句词删除

罗森鲍姆指出，同名删除规则要求补足语子句为不定式子句或者动名词短语，不能应用于有时态的补足语子句结构。他还指出删除规则需遵循两个重要的原则：其一是该规则只能运用于相同的并且同指称的名词短语之上；其二是局部性条件（Locality Conditvon），即被删除主语的控制语必须是距离被删除主语位置最近的名词短语（The Principle of Minimal Distance），后更名为最近距离原则（Minimal Distance Principle, Rosenbaum, 1970）。

（13）最近距离原则：一个名词短语 NP_j 被一个相同的名词短语 NP_i 删除当且仅当存在这样的一个句子 S：

i. NP_j 被 S 支配；

ii. NP_i 既不支配 S，也不被 S 支配；

iii. 对于所有 NP_k 既不支配 S，也不被 S 支配，NP_j 与 NP_k 的距离比 NP_j 与 NP_i 的距离远。[1]

依此，例（11）中主句主语 Barnett 是距离补足语子句主语最近的名词短语，二者指称相同，因此，子句主语可以运用同名删除规则。例（12）中主句宾语 the doctor 是距离补足语子句主语 the doctor 最近的名词短语，且二者指称相同，所以子句主语可以运用同名删除规则。罗森鲍姆也观察到了违背最近距离原则的同名删除现象，即动词 promise 的主语控制现象中，子句同名主语跨越主语宾语与主句主语相同并

[1] 名词短语的距离是就树形图上连接两个节点路径上的分枝而言的。

且同指称。但他认为这并不意味着要废除最近距离原则，而是要从 promise 动词的结构分析中去寻找问题的答案。乔姆斯基（Chomsky，1968：58）和博斯特（Postal，1970）发现了更多违背最近距离原则的反例，如例（14）和例（15）。

（14） a. John gave me the impression of working on that problem.

b. John begged Bill to be shown the new book.

（15） a. Bill asked Tom when to fire the canon.

b. I vowed to Zeus to find the thief.

（16） Harry talked to Bill about Kissing Greta.

例（14a）中，动名词短语 working on that problem 的主语跨过主句宾语 me 与主句主语同指称，例（14b）中不定式子句主语跨过主句宾语 Bill 与主句主语同指称。例（15a）中，不定式子句主语跨过主句宾语 Tom 与主句主语同指称，（15b）中不定式子句主语跨过主句宾语 to Zeus 与主句主语同指称。这几个句子中的同名删除看上去都违背了最近距离原则，但句子都合法。例（16）中动名词短语 Kissing Greta 的主语既可以与宾语同指称，也可以与主语同指称，甚至可以指向两者。

莱考夫和罗斯（Lakoff & Ross，1967）对罗森鲍姆关于提升的解释提出质疑。其一，理论内部问题，外置是后循环规则（Post-Cyclic Rule），是应用于被动化、反身代词化等循环转换规则（Cyclic Transformation）和疑问词前置、话题化等末尾循环转换规则之后的，因此外置规则先于代词替换规则，即后循环规则先于循环规则，理论上不正确。其二，在派生过程中先运用标句词插入规则，然后又运用标句词删除规则，属于句法操作的冗余，也不符合理论的经济性原则。其三，方法论上，在提升宾语结构中，外置规则并没有改变句法成分的位置，只是成分结构的再调整，因此外置仅是线性空移位（String Vacuous Movement），是一种冗余操作。罗森鲍姆的分析虽然有不足之处，但是他对提升与控制理论的发展影响深远，相关规则成为扩充标准理论阶段和管辖与约束理论阶段句法研究的焦点。

（二）扩充标准理论阶段（1973~1981）

扩充标准理论时期的提升与控制理论延续了底层结构与表层结构分析，但转换规则数量及特性减少，并补充了一系列附加条件；词项插入的转换规则被摒弃，从而限制了转换规则的生成能力。关于提升主语结构，乔姆斯基（Chromsky，1973）采纳了罗森鲍姆的 it-替换规则，摒弃了后置规则与标句词插入规则等一系列操作。乔姆斯基借用底层结构基础生成和语义解释规则替换了句法派生中的词汇插入规则，限制句法的转换能力，增强了句法规则的解释力。

（17） a. It is likely[$_S$ COMP John to leave].底层结构

b. John is likely to leave. 代词替代

（18） a. It seems[$_S$ COMP John to be a nice fellow].底层结构

b. John seems to be a nice fellow. 代词替代

例（17）与例（18）表明，不定式补足语子句属于底层结构中基础生成的部分，不再是外置规则转换而来，不定式子句主语通过 it-替换规则提升到主句主语位置，派生出表层结构。但乔姆斯基指出 it-替换规则只可以应用于嵌套子句主语为空主语 PRO 删除的结构。

（19）a. It is pleasant for the rich [PRO to do the hard work].

b. The hard work is pleasant for the rich [PRO to do].

（20）a. It is pleasant for the rich [for poor immigrants to do the hard work].

b. * The hard work is pleasant for the rich [for poor immigrants to do].[1]

乔姆斯基认为例（19）和例（20）中的短语 for the rich 与形容词 pleasant 构成一个更大的谓语，例（19）中不定式补足语子句的空主语 PRO 已经删除，因此子句宾语可以替换主句的虚主语 it，而例（20）中子句宾语受特定主语条件（Specified Subject Condition）限制而不能替换主句虚主语 it。特定主语条件还可以解释 expect 动词结构中的 each 插入规则。

（21）a. The candidates each expected [$_{S}$ ~~PRO~~ to defeat the other].

b. The candidates expected [$_{S}$ PRO to defeat each other].

（22）a. The men each expected [$_{S}$ the soldier to shoot the other].

b. * The men expected [$_{S}$ the soldier to shoot each other].

[1] 句子前的“*”表示该句不合法。

例（21）中子句主语为 PRO，each 可以插入子句中，而例（22）中 each 的插入受特定主语条件影响而不合法。

乔姆斯基还采纳了莱考夫和罗斯（Lakoff & Ross，1967）等的观点，基于理论上的考虑摒弃了提升宾语假设，以加强理论的限制性。其一是因为提升宾语是一种线性空操作，即虽然提升宾语改变了短语结构，但并未改变句子成分的线性关系。其二是因为扩充标准理论阶段，转换类型大大减少，规则特殊限制被取消，留下的为更普遍的转换规则，从而减少了语法的类型。因此，理论上没有非常强的经验上的原因需要保留提升宾语规则。乔姆斯基提出时态句条件（Tensed-S Condition）来解释 expect、believe 等动词的反身代词结构和被动结构。

（23）时态句条件：当 a 是时态句时，任何规则都不能包括“……X……[$_a$……Y……]……”结构中的 X 和 Y。

（24）a. Marge expected[$_S$ Tom to win the election].

b. * Marge expected[$_S$ that herself won the election].

c. Marge expected[$_S$ herself to win the election].

（25）a. I believe the dog is hungry.

b. The dog is believed to be hungry.

c. * The dog is believed is hungry(by me).

例（24b）中，补足语定式子句的反身代词 herself 与主句主语 Marge 同指，违反了时态句条件，句子不合法，而例（24c）中，补足语不定式子句的反身代词 herself 与主句主语同指，没有违反时态句条件，句子合法。例（25c）不合法是因为将子句主语 the dog 从时态子句移位到主句主语位置，违反了时态句条件。而例（25b）中将子句主语 the dog 从不定式子句主语位置移位到主句主语位置，遵守时态句条件，句子合法。

控制结构中，乔姆斯基摒弃了同名删除规则，假设不定式补足语的主语位置不再是词汇主语，而是基础生成的空主语 PRO，对 PRO 的诠释应用于表层结构，与相关动词的词汇项相联系。

（26） a. $Jackson_i$ tried[PRO_i to remain calm].

b. $Dana_i$ persuaded $Jackson_j$ [PRO_j to make things right].

例（26a）中，不定式子句空主语与主句主语同标，例（26b）中，不定式子句空主语与主句宾语同标。

乔姆斯基和拉斯尼克（Chomsky & Lasnik，1977）则进一步将强制控制动词描述为带一个 NP 或 PP 补足语和一个无标句词的不定式补足语的动词，并指出控制规则与特定动词关联，PRO 与主句主语还是宾语同标由主句动词的特征决定。

（27） a. $John_i$ promised $Bill_j$[PRO_i to leave].

b. $Dana_i$ persuaded $Jackson_j$ [PRO_j to make things right].

例（27a）中，PRO 与主句主语同标，而例（27b）中，PRO 与主句宾语同标。PRO 和词汇名词短语（包括语迹 t）在表层结构中互补分布，即 PRO 出现的位置，词汇名词短语不能出现，反之亦然。如果词汇名词短语出现在不定式补足语的主语位置，那么 PRO 就不能出现在该位置。依此，want、prefer 等动词就不是控制动词。例如：

（28） a. We want very much[for Bill to win].

b. We want[Bill to win].

c. We want(very much) to win.

d. ? We want very much for ourselves to win.[1]

e. ? We want ourselves to win.

例（28b）表明 want 类动词的标句词 for 可以删除，例（28c）则是例（28d、e）的变体，是反身代词的同名删除规则应用转换而来。这类结构区别于 believe 类动词，如例（29）所示：

（29） a. * John believes sincerely for Bill to be incompetent.

b. * John believes sincerely to be incompetent.

c. John believes himself to be incompetent.

乔姆斯基和拉斯尼克认为移位不是强制的，而是自由的。从底层到表层结构的派生过程中，名词短语从动词的不定式补足语子句主语位置移位到主句主语位置是选择性的，移位的名词短语与其语迹会在移位后形成同指称关系。例如：

（30） $[_{NP}$ Bill$]_i$ appears$[_S[_{NP}$ e$]_i$ to$[_{VP}$ be nice$]]$.

提升动词的主语位置是一个基础生成的空语类 e，如果不定式子句主语不移位到主句主语位置，主句主语 e 就会成为一个不可诠释的自由变量，句子不合法，如例（31a）。如果定式子句主语移位到主句主语位置，违背时态句条件，句子也不合法，如例（31b）。

（31） a. * $[_{NP}$e$]_i$ appears$[_S[_{NP}$ Bill$]_i$ to$[_{VP}$ be nice$]]]$.

b. * $[_{NP}$ Bill$]_i$ is likely $[_{S'}$ that $[_S[_{NP}$ e$]_i$ will $[_{VP}$ leave$]]$.

[1] 句子前的“?”表示句子的接受度存在一定的质疑。

此外，乔姆斯基和拉斯尼克还提出了“强制词汇插入规则”，即虚主语 it 插入到某些动词（如 seem，appear）的主语位置，当且仅当这些动词的补足语子句 S’的标句词不为空 φ。违反该规则的句子也不合法，如例（32）。

（32） *[$_{NP}$It]$_i$ is likely[$_{S'}$ φ[$_S$[$_{NP}$ Bill]$_i$ to[$_{VP}$ leave]]].

乔姆斯基和拉斯尼克认为 believe 类动词不是提升宾语结构，不存在名词短语移位。例如：

（33） Julian believes[$_S$[$_{NP}$ them]$_i$ to[$_{VP}$ be nice]].

例（33）中，believe 以一个光杆不定式子句 S 为补足语，并且补足语不违反［NP to VP］过滤器条件，主句动词也不要求强制控制。此外，乔姆斯基和拉斯尼克认为 want 类动词并非选择控制动词，而是与 believe 类动词属性相似。不同的是，want 类动词可以选择带标句词 for 的不定式补足语子句，如例（34a）；而且标句词也可以删除，如例（34b）；当不定式子句主语为空语类时，其底层结构包含一个反身代词，在句法派生过程中通过同名删除生成表层结构，如例（34c）。乔姆斯基和拉斯尼克认为标句词删除规则与同名删除是可选择的，但英语中的*［for-to］过滤器会排除例（34d）的结构。

（34） a. Julian$_i$ want[$_{S'}$ for[$_S$ himself$_i$ to be nice]]. 底层结构

b. Julian$_i$ want[$_{S'}$ ~~for~~[$_S$ himself$_i$ to be nice]]. 标句词删除

c. Julian$_i$ want[$_{S'}$ ~~for~~[$_S$ ~~himself$_i$~~ to be nice]]. 标句词删除+同名删除

d. * Julian$_i$ want[$_{S'}$ for[$_S$ ~~himself$_i$~~ to be nice]]. 同名删除

虽然该阶段研究在提升与控制理论方面无论是规则的精简还是解释力上都取得了很好的成效，但仍存在一些不足之处（戴维斯和杜宾斯基，Davies & Dubinsky，2004：171）：其一在于为了维持控制的强制特征，理论上不得不保留同名删除规则；其二是通过［NP to VP］过滤器来统一解释提升宾语结构和被动结构仍存在问题；其三是对于三类语音上的空语类（标记索引的、未标记索引的和删除的）没有系统说明，从而适当限制相关过滤器条件的运用。

（三）管辖与约束理论（1981~1995）

在管辖与约束理论时期，乔姆斯基（Chomsky，1981）指出论元移位受格理论驱动，即每个名词短语都必须在表层结构被格标记，同时必须遵守毗邻原则，即移位只能跨越一个界限节点（Bounding Node）。

（35） a. It seems that Lee is having a bad day.

b. Lee seems to be having a bad day.

例（35）中，提升动词 seem 为一元动词，选择一个命题子句作补足语。例（35a）中，seem 的命题子句为定式 S’子句，其空主语位置通过 it-插入（It-Insertion）规则满足扩充的投射原则（Extended Projection Principle）。例（35b）中，seem 的命题子句为不定式 S’子句，其空主语位置通过子句主语提升满足扩充的投射原则。子句功能中心 INFL 并非管辖语（Governor），不能给子句主语指派格位，因此子句主语必须移位到主句主语位置以获得格标记。两句的派生结构如例（36）所示。

（36） a.

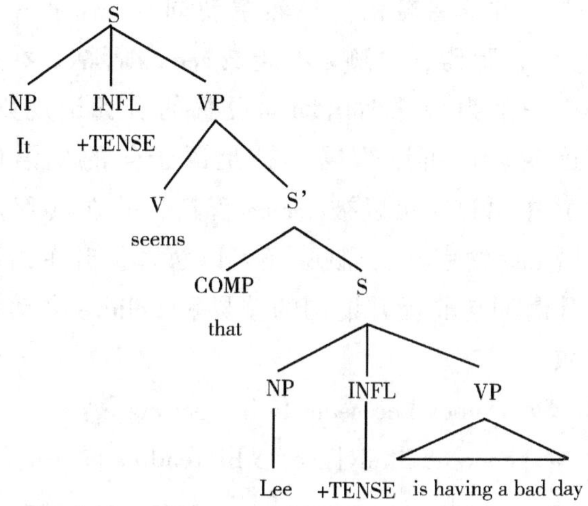
S
NP
It
INFL
+TENSE
VP
V
seems
S'
COMP
that
S
NP
Lee
INFL
+TENSE
VP
is having a bad day

b.

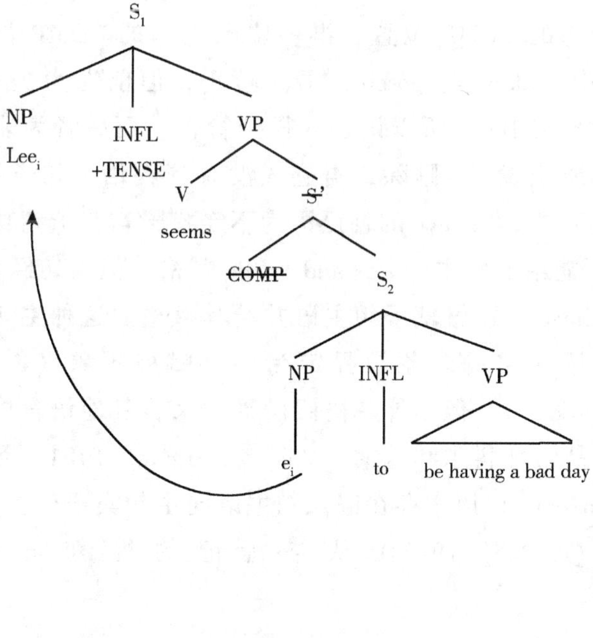
S1
NP
Lee_i
INFL
+TENSE
VP
V
seems
S'
COMP
S2
NP
e_i
INFL
to
VP
be having a bad day

例（36b）中，语迹 e 在下层 S_2结构中没有管辖语约束，因为不定式 to 并非管辖语。虽然主动词 seems 是一个潜在管辖语，但受 S_2'阻碍，语迹 e 不能被 seems 管辖。乔姆斯基假设英语存在一个为特殊谓语动词设置的有标记规则：S'-删除，使得这些动词可以管辖其补足语子句的主语位置。依此，（36b）中语迹 e 可以被 seems 管辖，并在其管辖范围 S_1 内被先行语 Lee 约束。S'-删除还可以解释提升主语结构的疑问句、提升谓词与非提升谓词的差异和 believe 类动词的移位现象。例如：

（37） $What_j$ does Lee seem to be reading e_j?

（38） a. $Leslie_i$ is likely[$_S$ e_i to be reading].

b. * $Leslie_i$ is possible[$_{S'}$ [$_S$ e_i to be reading]].

（39） Lynn believes[$_{S'}$ [$_S$ Lee and Leslie to like lemons]].

（37）中 wh-移位遵循毗邻原则（Subjacency），需要先移位到子句的 COMP 位置，再移位至主句的 COMP 位置。例（38）中，likely 与 possible 语义接近，但前者为提升谓词，会激发 S'-删除，所以语迹 e 得到管辖；而后者为非提升谓词，不能激发 S'-删除，语迹 e 没有管辖语，句子不合法。例（39）中，believe 的补足语为不定式子句，子句功能中心 INFL 不能给子句主语 Lee and Leslie 赋格，但子句经过 S'-删除，believe 可以管辖子句主语并给其赋格。这种主句动词给子句主语赋格的现象被界定为例外赋格现象（Exceptional Case Marking）。但例外赋格假设受到来自其他语言中经验事实的挑战，如科尔和赫蒙（Cole & Hermon，1981）证明盖楚瓦（Quechua）语中存在嵌入句主语向主句宾语位置的移位，赛特（Seiter，1983）从格标记的视角证明纽埃

(Niuean) 语中存在主语提升现象。为此，拉斯尼克和斋藤 (Lasnik & Saito, 1991) 另辟蹊径，提出了隐性提升分析，即在表层句法上，动词 believe 的补足语子句主语不提升，但在逻辑层 (Logical Form)，子句主语或与之相关的特征提升到主句，成为 believe 的宾语。例如：

(40) a. 表层结构：[Cindy [$_{VP}$ believes [$_{TP}$ Marcia to be a genius]]].

b. 逻辑层：[Cindy believes Marcia [$_{VP}$ ~~believes~~ [$_{TP}$ ~~Marcia~~ to be a genius]]].

依此，拉斯尼克和斋藤解释了该结构中的否定极性词现象和反身代词现象。例如：

(41) a. The DA proved [none of the defendants to be guilty] during any of the trial.

b. * The DA proved [that none of the defendants were guilty] during any of the trial.

c. ? The DA proved [the defendants to be guilty] during each other's trials.

d. * The DA proved [that the defendants were guilty] during each other's trials.

英语中，如果否定极性词 any 不能被一个否定短语成分统制，句子就不合法。因此，例 (41a) 中否定短语 none of the defendants 隐性提升到主句，从而成分统制否定极性词 any，句子合法；而例 (41b) 中补足语子句的主语 none of the defendants 不能隐性提升，因此 any 不能被否定短语成分统制，句子不合法。例 (41c) 中不定式子句主语提升到主句的 AgrOP 的指示语位置核查宾格，因此移位到一个可以约束反身代词 each other 的位置，句子合法；而例（41d）中，定式子句主语不可能移位到主句的位置，所以不能约束反身代词，句子不合法。

控制理论方面，乔姆斯基（Chomsky，1981：36）指出每个论元能且只能指派一个题元角色，并且每个题元角色必须指派给一个论元，这为空主语 PRO 的存在提供了理论依据。乔姆斯基（1981：56-60）指出 PRO 的句法特征区别于语迹，表现在三个方面：PRO 不被管辖；其先行语具有独立的题元角色；先行语与 PRO 的关系不需要满足毗邻条件（Subjacency Condition）；并基于此提出 PRO 理论：如果 a 是空语类，那么当且仅当 a 不被管辖时 a 为 PRO。举例如下：

（42）They tried to PRO understand that theory.

例（42）中不定式子句的空主语 PRO 获得 understand 的历事题元角色，且位于不被管辖的位置，可以满足扩充的投射原则和题元准则。其结构如例（43）所示。

（43）

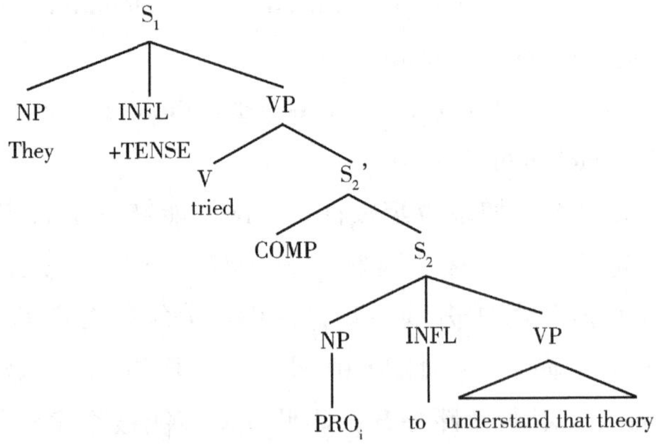

PRO 既像反身代词，必须在管辖范围内受约束，从其先行语处获得指称，如例（44a）；又像代词，其指称是局部自由的，即在管辖范围内是自由的，也可以不需要先行词，如例（44b）。

（44） a. She said[that[PRO to extricate herself from that relationship] would be judicious].

b. [PRO to perjure oneself] would be unwise.

乔姆斯基（Chomsky，1981：6）指出控制理论决定了抽象代词成分 PRO 的指称可能，且 PRO 的控制语遵循最小距离原则（Minimal Distance Principle）。例如：

（45） a. Mary tried[PRO to leave].

b. Mary persuaded John[PRO to eat].

而黄正德（Huang，1984）认为一些情况下句法上的最小距离原则存在问题，即不能从句法上区分 PRO 的控制语是成分统制的主语还是宾语，控制语选择是语用因素决定的，如例（46-47）。

（46） a. $John_i$ promised Bill[e_i to come].

b. John promised $Bill_j$[e_j to be allowed to come].

（47） a. John asked $Bill_i$[e_i to come].

b. $John_i$ asked Bill[e_i to be allowed to come].

乔姆斯基指出 want 和 expect 既可以带有 COMP “for” 的补足语从句，也可以带含 PRO 的补足语从句。不同于一般的强制控制结构，这类动词的不定式补足语从句的主语位置可以允准词汇名词短语，因此这类动词被称为选择控制动词。例如：

（48） a. The students wants very much[$_{S'}$ [$_S$ for Bill to visit

Paris]].

b. The students wants[$_{S'}$ [$_{S}$ Bill to visit Paris]].

c. The students$_i$ wants[$_{S'}$ [$_{S}$ PRO$_i$ to visit Paris]].

（49） a. Terry expects confidently[$_{S'}$ [$_{S}$ for Kesley to challenge the incumbent]].

b. Terry expects [$_{S'}$ [$_{S}$ Kelsey to challenge the incumbent]].

c. Terry$_i$ expects [$_{S'}$ [$_{S}$ PRO$_i$ to challenge the incumbent]].

乔姆斯基认为 want 并不能触发 S'-删除，但在 PF 输出阶段存在 for-删除规则。因此，在表层结构中，for 仍位于 COMP 位置，管辖子句主语并为其赋格，在 PF 输出阶段才删除。例（48b）与例（49b）分别是例（48a）与例（49a）在 PF 输出阶段运用 for-删除规则的结果。这类动词也可以选择带空主语 PRO 的不定式子句，如例（48c）和例（49c）。

（四）最简方案（1995 年至今）

在最简方案框架下，乔姆斯基（Chomsky，1995）基于经济性条件指出提升结构中虚主语 it/there 的合并操作优先于不定式子句主语的提升。例如：

（50） a. There$_i$ is likely[t$_i$ to be a proof discovered].

b. A proof$_i$ is likely[t$_i$ to be discovered].

c. [$_{TP}$ T$_{def}$[be a proof discovered]].

当句子派生到例（50c）阶段，T$_{def}$的 EPP 特征既可以通过提升 a proof 满足，也可以通过合并虚主语 there 满足。但从经济上考虑，当运算矩阵中存在 there 时，合并优先于移位。例（50a）中，there 与子句 T_{def}合并，满足 T_{def}的 EPP 特征，然后继续提升到主句 T 的指示语位置，满足主句 T 的 EPP 特征。例（50b）中，运算矩阵中没有虚主语，因此，不定式子句的名词短语提升到子句 T_{def}的指示语位置满足其 EPP 特征，然后再继续提升到主句 T 的指示语位置，满足主句 T 的 EPP 特征。

关于控制结构，乔姆斯基摒弃了管辖概念和基于［+pronominal，+anaphoric］的控制理论，而是采用原则参数理论框架下的指示语—中心语关系来解释 PRO 的句法特征。乔姆斯基注意到 PRO 理论与可见性条件之间存在不一致，即如果语链对于题元标记而言是可见的，那么语链就会包含一个格位置。因此，乔姆斯基认为 PRO 与不定式中心语 to 核查并获得空格，只能出现在不定式子句主语位置。此外，PRO 亦可以作为内部论元基础生成动词的宾语位置，提升到不定式中心语 to 的指示语位置核查其空格。例如：

（51） a. John tried[PRO to be killed ~~PRO~~].

b. * John tried[PRO to kill ~~PRO~~].

因为 PRO 只能核查为空格，所以不能出现在动词的宾语位置和定式句的主语位置。

（52） a. * John persuaded PRO.

b. * John believes that PRO will eat.

乔姆斯基（Chomsky，2000）进一步指出控制动词的补足语子句为不定式 CP 子句，子句中受 C 选择的 T 具有 EPP 特征，可以给空主语 PRO 指派空格（Null Case），不同于提升或 ECM 动词的不定式 TP 子句。这种差异表现在，前者允许其不定式补足语被提问，而后者不可以。例如：

（53）a. What did John promise? To help Mary.

b. * What did John seem? To be angry.

但当控制动词为非宾格动词或已经给其宾语指派格位，不能给不定式补足语指派格位时，不定式补足语则不能被提问。例如：

（54）a. * What did John persuade Mary? To help Sam.

b. * What did John condescend? To help Sam.

例（54a）中，控制动词 persuade 已经给 Mary 指派宾格，因此不能给不定式补足语指派格位，所以 what 不能获得格位，句子不合法。例（54b）中，控制动词 condescend 为非宾格动词，不能指派宾格，所以 what 不能获得格位，句子不合法。

霍恩斯坦（Hornstein，1999）对最简方案中围绕 PRO 的处理提出质疑，认为 PRO 的空格假设只是对观察事实的复述，不具有理论上的解释力，而且空格假设并没有简化控制理论，即并未提出 PRO 的指称和构建的条件。此外，PRO 并不阻碍 wanna 的缩减形式，属于非格标记的空语类。例如：

（55）a. I want[PRO to win].I wanna win.

b. I_i am going[t_i to win].I gonna win.

c. Who_i do you want [t_i to win]. * who do you wanna win.

例（55c）中的 wh 语迹与例（55b）的名词短语语迹不同之处在于前者是格标记的，因此 PRO 与名词短语语迹类似，是非格标记的空语类。霍恩斯坦认为控制结构分为强制性控制（Obligatory Control，OC）与非强制性控制（Non-Obligatory Control，NOC）两类，并指出 OC PRO 与反身代词类似，必须有一个局部成分统制其先行语。例如：

（56） a. * It was expected PRO to shave himself.

b. * $John_i$ thinks that it was expected PRO_i to shave himself.

c. * John's campaign expects PRO to shave himself.

d. $John_i$ expected PRO_i to win and Bill does too. (Bill expects Bill/ * John to win)

e. Only $Churchill_i$ remembers PRO_i giving the BST speech.

例（56a）不合法是因为 OC PRO 没有先行语；例（56b）不合法是因为先行语 John 和 OC PRO 并不在同一小句里；例（56c）不合法是因为先行语没有成分统制 OC PRO。例（56d）表明动词短语省略时，OC PRO 与反身代词一样，蕴含松散解读（Sloppy Reading）。而代词省略时，则会有两种解读，句子有歧义。例如：

（57） a. $John_i$ expected $himself_i$ to win and Bill does too. (Bill expects Bill/ * John to win).

b. $John_i$ expected that he_i will win and Bill does too. (Bill expects Bill/John to win).

例（56e）中 OC PRO 的语义解读也同反身代词相似，区别于代词。例如：

（58） a. Only $Churchill_i$ remembers $himself_i$ giving the BST speech. [=(56e)]

b. Only $Churchill_i$ remembers that he_i gave the BST

speech. [≠ (56e)]

霍恩斯坦认为，OC PRO 具有与同名词短语语迹一样的句法特征 [+anaphoric，-pronominal]，出现在题元位置，但没有格标记；其唯一不同之处在于 OC PRO 与一个题元标记的位置同标，而名词短语语迹与一个非题元标记的位置同标。依此，他提出采用移位来统一解释强制控制的结构，认为 OC PRO 是移位的遗留物，遵循移位的最短链接条件，在局部有成分统制它的先行语。而 NOC PRO 其实是虚代词 pro，既可以定指，等同于代词 he/she/they 等，又可非定指，类似 one，不需要成分统制它的局部先行语。

霍恩斯坦提出将题元角色作为特征引入句法，指出一个名词短语获得题元角色可以通过与谓词短语的合并来核查其题元特征，并且一个名词短语可以获得多于一个的题元角色。

(59) a. John wants to leave.

b. [$_{IP}$ John [$_{VP}$ John [wants [$_{IP}$ John to [$_{VP}$ John leave]]]]].

例 (59) 中 John 先从动词 leave 处获得一个题元角色，然后移位到非定式子句的指示语位置满足 T 的 EPP 特征，接着 John 继续移位到主句 V 的指示语位置获得第二个题元角色，并最后移位到定式子句的指示语位置满足 T 的 EPP 特征。控制的移位分析还可以解释 OC PRO 的 de se 解读，即 OC PRO 的移位使得一个表达式获得两个题元角色。但他也指出将控制分析为移位存在一些严重的问题，如 OC PRO 结构的被动化现象。

(60) * John was hoped to win the game.

为此，霍恩斯坦假设控制动词的不定式子句为 CP 子句，论元移位跨越 CP 子句是不合法的，因为 CP 为语段，而跨越 IP 子句则可以接受。他假设控制动词的不定式 CP 子句会发生标句词删除，但控制动词的被动结构不允准标句词删除规则，因此例（60）不合法是因为该句派生过程中不能应用标句词删除规则。戴维斯和杜宾斯基（Davres & Dubinsky，2004：350）指出霍恩斯坦的判断存在问题，控制动词的被动结构允准标句词删除现象，如例（61a）。此外，霍恩斯坦需要解释，为什么控制动词 expect 的被动结构中不允准标句词删除，其子句的论元移位却是合法的，如例（61b）。

（61） a. It was assumed (that) he got on an 8：33 express after leaving the office at 8：00.

b. John was expected to win the game.

杰肯道夫和库里卡弗（Jackendoff & Culicover，2003）指出，霍恩斯坦基于罗森鲍姆（Rosenbaum，1970）的最近距离原则解释控制现象，对 promise 之类的跨越宾语与主语同指称的控制结构缺乏解释力。朗道（Landau，2003）则指出将控制统一分析为移位，无论是在理论内部还是在经验事实上都存在问题。首先，将题元角色看成是 φ 特征向语法中引进了大量的冗余；其次，控制的移位分析在控制结构的被动化、附加语内的强制控制、隐性控制现象和 promise 之类的违反最近距离原则的控制现象上都缺乏解释力。朗道指出，PRO 存在并区别于名词短语语迹，控制有两个论元链而提升的只有一个，控制模块是存在的。朗道（Landau，2003：491）指出，控制可以打破 each 与子句名词短语的关联，而提升则不能。

（62） a. One interpreter$_1$ each was assigned t_1 to the visiting diplomats.

b. One interpreter$_1$ each seemed [t_1 to have been assigned t_1 to the visiting diplomats].

c. * One interpreter$_1$ each tried [t_1 to have been assigned t_1 to the visiting diplomats].

d. * One interpreter$_1$ each said that [he$_1$ had been assigned t_1 to the visiting diplomats].

朗道指出的控制移位分析不能解释例（62）中的不合法现象，即each联合在提升结构，即例（62a、b）中合语法，但PRO和代词he则会干扰each-联合。此外，冰岛语的PRO研究表明PRO具有格标记，并且与控制语的格标记不一样，因此将其分析为NP语迹存在问题。博埃克斯和霍恩斯坦（Boeckx & Hornstein，2003）对朗道（Landau，2003）的质疑做出了回复，指出名词短语可以参与多重一致关系，也可参与多重题元关系，并提出区分特征与特征值，语义接口处理特征值，而狭义句法保证名词短语核查题元角色。这样缓解了狭义句法和语义接口之间的张力，并且更具经济性。他们亦指出控制的移位理论只是将控制与移位的差别最小化，而归为移位成分的题元角色差异上，则更具理论优势。但戴维斯和杜宾斯基（Davres & Dubinsky，2004：355）指出，对于控制结构而言，单纯的句法解释或语义解释都在分析一些重要的现象时存有缺陷。

三、提升与控制理论的新挑战

随着提升与控制理论研究的不断深入，越来越多的相关经验事实被发掘并引起学界的广泛关注。首先，波林斯基和波茨坦（Polinsky & Potsdam，2006）、朗道（Landau，2010）等研究发现英语中存在的拷贝提升现象对移位和虚主语插入规则构成巨大的挑战。

（63） a. There looks like there could be a different solution.

b. Richard seems like he is in trouble.

例（63）中提升动词 look like 和 seem 的补足语子句为定式子句，子句主语通过拷贝提升到主句主语位置，而不是像其他提升结构一样，子句为定式子句时，主句主语会通过插入虚主语合并，从而使得句子得到允准，如例（64）。

（64） a. It looks like（that）there could be a different solution.

b. It seems like Richard is in trouble.

其次，基于不定式句空主语 PRO 的控制理论，难以解释一些语言中的定式控制（Finite Control）[哈施米普（Hashemipour），1989；特尔齐（Terzi），1992；戈梅西（Ghomeshi），2001；朗道（Landan），2004；卡里米（Karimi），2008；哈达德（Haddad），2010 等]。

（65） a. Kimea tasmin gereft[（ke）PRO be-r-e].

Kimea decision took. 3SG that SBJN-go-3SG

'Kimea decided to go.'

b. Mâ Kimea-ro marjbur kard-im[(ke) e be sinamâ be-r-e].

1PL Kimea-ra force do-1PL that to movies SBJN-go-3SG

'We forced Kimea to go to the movies.'

(波斯语,卡里米,2008)

(66) Gil hivtiax[še-PRO yitna'heg yafe].

Gil promised that will-behave. 3SG. M will

'Gil promised to behave.'

(希伯来语,朗道,2004)

再次,藏语的研究表明 PRO 不仅可以出现在定式子句中,还具有格特征。

(67) Nga-s kho-r bshad=rgyu khas=len byas-pa yin.

I-ERG he-LOC tell-NOM promise do-NMLZR AUX.PRF.CONJNCT

'I promised to tell him.'

[藏语,德兰西(Delancey),2003:284。转引自:安德森(Anderson),2006:56-7]

而且,波斯语虚拟式动词的主语位置既可以是词汇主语,也可以是 PRO,这给 PRO 分布解释的相关假设提出了难题。例如:

(68) a. man fekr mi-kon-am[ke Kimea be-r-e].

I thought dur-do-1SG that Kimea Subj-go-3SG

'I think that Kimea will go.'

b. Kimea tasmim gereft[ke PRO be-r-e].

Kimea decision caught-3SG that Subj-go-3SG

'Kimea decided to go.'

（波斯语，卡里米，2008）

就提升结构而言，一些语言中定式子句主语的提升，对提升理论也构成了巨大挑战。

（69） Kimea be-nazar mi-yâd[(ke) e bâhush bash-e].

Kimea to-view dur-comes that smart be-3SG

'Kimea seems to be smart.'

（波斯语，卡里米，2008）

（70） Os estudantes parecem que viajaram mais cedo.

The students seem. 3PL that traveled. 3PL more early

'The students seem to have traveled earlier.'

［巴西葡萄牙语，费雷拉(Ferreira)，2000］

（71） a. Parece/acabou que os estudantes viajaram mais cedo.

Seem. 3SG/Finished. 3SG that the students traveled. 3PL more early

'It seems/turned out that the students traveled earlier.'

b. Os estudantes parecem/acabaram que viajaram mais cedo.

The students seem. 3PL/finished. 3PL that traveled. 3PL more early

'The students seem to have traveled earlier/The students ended up traveling earlier.'

［巴西葡萄牙语，努涅斯(Nunes)，2008］

（72） a. S-a nimerit[$_{TP}$ sa̧ e fie toti doctorii de acord].

RFL-have-3. SG happened SUBJ be-3. PL all doctors of agree

b. S-a nimerit[$_{CP}$ca̧ ~~toti~~ doctorii sa̧ e fie toti ~~doctorii~~ de acord].

RFL-have-3. SG happened that doctors SUBJ be-3. PL all of agree

‘It has happened that the doctors should all agree.’

c. Toti doctorii s-au nimerit[$_{MP}$ sa̧ fie$_i$ ~~toti doctorii~~ t$_i$ de acord].

All doctors RFL-have-3. PL happened SUBJ be-3. PL of agree

‘All the doctors have happened to agree.’

[罗马尼亚语，莫塔帕尼亚(Motapanyane)，1991:58；转引自：达尔米(Dalmi)，2005:44]

这些语言事实不仅挑战了之前所有的提升与控制理论假设，也引起了人们对最简方案的重新思考，主要表现在以下两点。

第一，语段理论。子句核心功能中心T并无缺陷，可以核查子句主语的格位。如果不是句法以外的机制作用，子句CP语段拼读后，根据语段不可渗透条件，中心语C以后的句法成分不能进入下一阶段的运算。如果是CP子句的主语移位到主句主语位置，则与语段不可渗透条件相冲突。

第二，“一致条件”也不能解释论元从一个格位置移位到另一个格位置。显然，上述语料表明子句主语已经进行一致核查并获得格位，应该不属于活跃的句法目标，但子句主语进入了下一阶段的合并。博埃克斯等（Boeckx，2010：71-72）认为两者的差异与定式子句 Φ 特征的缺陷有关。如果子句核心功能中心 T 的 Φ 不完整，对子句主语与子句 T 进行一致核查，赋值 T 的数特征并满足 T 的 EPP 特征。但并句子 T 未核查子句主语的格位，因此子句主语移位到特征完整的主句 T 的指示语位置，核查主句 T 的人称和数特征，满足 T 的 EPP 特征，并且核查了格位。当子句 T 的数特征和其未赋值的人称特征进入循环转换时，子句 T 给人称特征赋予缺省的第三人称。但问题在于如果子句 T 有缺陷，则不能应用于一致条件，充当探头，也就不与子句主语进行特征匹配并对 T 的特征进行赋值，因此子句 T 的特征核查论断有待进一步讨论。

四、结　语

本章从乔姆斯基在标准理论阶段时期对英语中两类带名词短语和不定式补足语的动词现象的关注出发，介绍了提升与控制四种句式在生成语法几个重要阶段的重要研究成果，并分析了最简方案框架下提升与控制分与合的理论之争，从历时发展的视角呈现了生成语法理论中非常重要的理论模块——提升与控制理论的主要论点及其论据。虽然不同的学者都基于经验事实论证了其理论假设，但他们也都在不同程度上面临由其他学者所提出的重要经验事实的挑战，故提升与控制结构一直是形式句法研究的热点。

第二章

A+I 结构主动词后名词短语的句法分析*

* 本章内容已经发表在《现代外语》2007 年第 1 期，本次出版时进行了完善补充。

一、引　言

A+I 结构在生成句法文献中也被称为“主语至宾语提升结构”（Raising-to-Object structures，RtoO）或“例外格标记结构”（Exceptional Case Marking structures，ECM）。自罗森鲍姆（1967）第一次提出对 A+I 结构的“提升解释”以来，A+I 结构便成为转换生成语法的核心课题。2005 年美国语言学会（LSA）召开了“提升与控制分析”的研讨会，将提升与控制结构的研究提高到了一个新的高度。国内却鲜有研究该结构的论文和专著。本书在最简方案框架下探讨英语 A+I 结构主动词后名词短语的句法生成位置及其特征，并尝试结合 A+I 结构的句法和语义特征来解释汉语提升结构与控制结构的差异。

二、RtoO 和 ECM 分析

（一）RtoO 分析

最早在生成语法研究文献中对 A+I 结构做出“提升解释”的是罗森鲍姆（Rosenbaum，1967），其后许多学者［博斯特，Postal，1974；约翰逊（Johnson），1991；朗纳

(Runner), 1995 等] 不断发展和完善 RtoO 分析模式。这些学者都将主动词后名词短语在派生的初始阶段分析为不定式补语分句的主语，如例（1a）；通过句法派生转换为主动词的直接宾语，如例（1b）。

（1） a. Mike proved[[Sam the butcher]to be innocent]].

b. Mike proved[Sam the butcher][-to be innocent].

名词短语 Sam the butcher 在例（1a）中作为 be innocent 的域外论元获得外题元角色，是不定式补语分句 to be innocent 的主语，在例（1b）中提升为主句主动词的直接宾语，从而拥有宾语的句法特征。任何适应直接宾语的规则都适用该名词短语。例如：

（2） a. Jack believed(that)Joan was famous.

b. * Joan was believed(that)was famous by Jack.

c. Jack believed Joan to be famous.

d. Joan was believed to have been famous by Jack.

例（2c）中不定式补语分句的主语可以被动化为例（2d）。但当补语分句是定式分句时则不能，试比较例（2a）与例（2b）：定式分句的主语被动化而提升为主句的主语后，句子不成立。

RtoO 还很好地解释了主动词后名词短语的格标记及其反身代词形式。主动词后名词短语生成于补语分句的主语，提升为主句的直接宾语，从而获得宾格，如例（3a）。反身代词必须在约束域内受其先行语的约束，因此反身代词只有成为主句主动词的直接宾语才能在约束域内受其先行语的约束，如例（3b）。

（3） a. Cindy believes her / * she[-to be a genius].

b. $Cindy_i$ believes herselfi / * her_i[-to be a genius].

（二）ECM 分析

乔姆斯基（Chomsky，1971）针对 A+I 结构的句法分析指出，主动词后名词短语只能是不定式补语分句的主语，被动化和反身代词化转换能影响任何直接跟随主动词后的名词短语。他还提出了时态分句条件（Tensed-S Condition）——时态分句是阻碍主动词后的名词短语被动化和反身代词化的因素。乔姆斯基（Chomsky，1981）后来将这种及物动词向其非域内论元的名词性成分赋格的现象定义为 ECM 现象。动词可以管辖它的直接宾语和不定式补语分句的主语，但不能管辖定式补语分句的主语，因此定式句被假设是管辖障碍。主动词给不定式补语分句的主语例外赋予宾格。假设定式补语分句和不定式补语分句都由相同的句法节点 S 和 S'（IP / TP 和 CP）统制，S'被看成管辖障碍，通过特定条件下的 S'-删除，消除管辖障碍，如例（4a），A+I 结构中主动词 believes 便可以管辖不定式补语分句的主语 Marcia，给 Marcia 赋予宾格。而例（4b）中的定式补语分句存在管辖障碍 S'，因此主动词 believes 不能管辖定式分句的主语 Marcia。

（4）a. Cindy believes[S Marcia to be a genius].

b. Cindy believes[S'[S Marcia is a genius].

三、最简方案框架下的 A+I 结构

（一）A+I 结构主动词后副词的句法位置

无论是 RtoO 分析，还是 ECM 分析，先前的研究者们都未能明确 A+I 结构中主动词后名词短语的句法生成位置，也未能合理解释该名词短语的题元角色。随着乔姆斯基（Chomsky，1995）“最简方案”的提出，句法学研究者们在最简方案框架下重新分析了 A+I 结构。

雷德福（Radford，1997）结合格理论与 VP 嵌套理论，分析了 A+I 结构中主动词副词的句法位置。

（5）The DA proved[the witness conclusively to have lied].

通过例（5），他指出 the witness 是不定式补语分句的主语，主动词 proved 先与不定式补语分句 the witness to have lied 合并，构成动词词组 proved the witness to have lied，然后再与 conclusively 合并，构成扩张的动词短语结构，动词词组再与 AgrO 合并，proved 移入 AgrO，the witness 提升到 AgrOP 的指示语位置上（spec，AgrO），the witness 的宾格特征通过 AgrO 上的中心语 proved 与 AgrOP 指示语上的 the witness 的呼应关系来核查，并假设 AgrOP 和一个抽象的轻动词 S 合并，而且轻动词 S 的施事主语是名词短语 The DA，因为 S 是强词缀中心语，动词 proved 提升并附加到轻动词 S 上。用树图表示如图 2-1。

如图 2-1 所示，名词短语 the witness 移动到 AgrOP 的指示语位置上，动词 proved 移到轻动词短语 vP 的中心语位置，这样 the witness 和 proved 就都处于 conclusively 的前面。

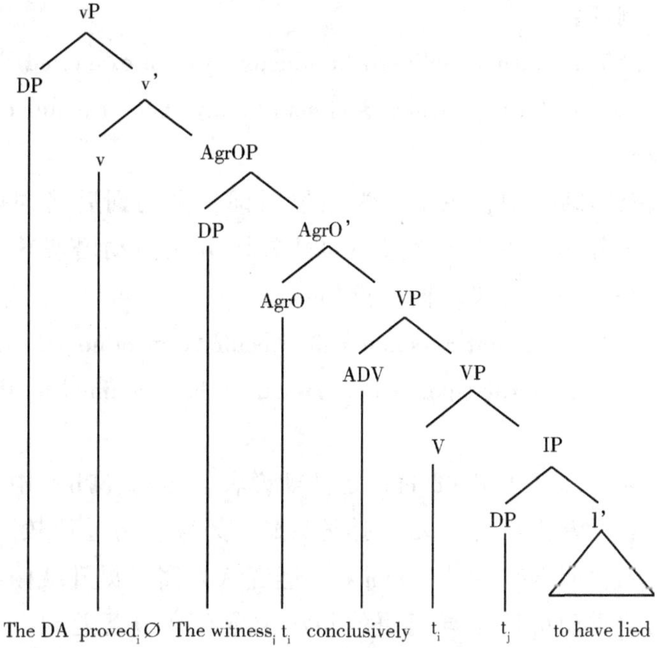

图 2-1　例（5）树图

雷德福很好地解释了 A+I 结构中提升结构的句法位置。他认为句中 the witness 生成于 IP 的指示语位置，作为不定式补语分句的主语承担着不定式补语分句动词的外题元角色，经过提升到 AgrOP 的指示语位置，进行核查并定值为宾格。

（二）A+I 结构主动词后名词短语的句法位置与特征

宾语提升结构与控制结构存在明显的句法特征差异。戴维斯和杜宾斯基（Davies & Dubinsky，2003）指出，宾语提升结构中，主动词后名词短语为补语分句的显性主语，而且不定式补语分句从主动语态转换为被动语态，句子意义相同。例如：

（6） a. Barnett believed the doctor to have examined Tilman.

b. Barnett believed Tilman to have been examined by the doctor.

控制结构中，主动词为三位谓词，主动词后名词短语不是补语分句的主语，而且不定式补语分句主动语态转换为被动语态，句子意义不同。例如：

（7） a. Barnett persuaded the doctor to examine Tilman.

b. Barnett persuaded Tilman to be examined by the doctor.

例（7a）中 the doctor 是被劝说者，而例（7b）中 Tilman 是被劝说者，两句意义区别很明显。另外，通过比较 A+I 结构中主动词 believe 与 promise，笔者认为宾语提升结构与控制结构中主动词后名词短语的句法位置存在显著差异。无论是 RtoO 分析还是 ECM 分析都认为例（8a）中主动词后名词短语 Mary 是不定式补语分句的主语，作为分句动词的域外论元，获得外题元角色，处在 IP 的指示语位置上。而例（8b）中主动词后名词短语 Mary 并非不定式分句动词的域外论元，而是主动词的域内论元，承担着主动词的内题元角色。

（8） a. John believed Mary to have finished her homework.

b. John promised Mary to go early.

那么，主动词为 promise 时 A+I 结构中的主动词后名词短语 Mary 处于什么句法位置呢？

试比较：

（9）a.［What］decided［you］［to take syntax］.

b.［John］promised［Mary］［to go early］.

雷德福（Radford，1997、2004）假定短语合成的合并（Merge）都是内在的二元操作（Inherently Binary Operation），只能将论元以成对的方式合并。雷德福认为例（9a）中主动词 decided 是三位谓词，主动词后名词短语 you 为域内论元 1，处在 VP 的指示语位置上；不定式补语分句为域内论元 2，处在 VP 的补语位置上。用树图表示如图 2-2。

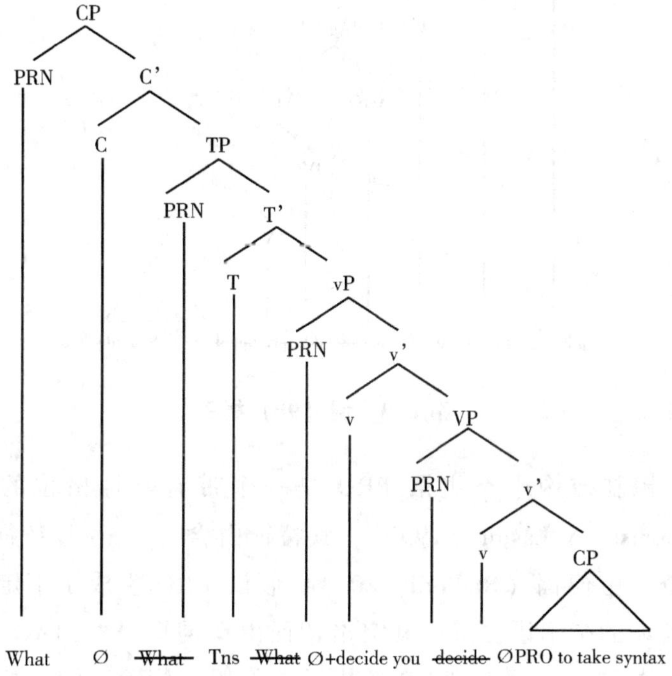

图 2-2　例（9a）树图

通过比较例（9a）与例（9b），笔者假设例（9b）中主动词 promised 为三位谓词，为主语控制结构，主动词后名词短语生成于主动词 VP 的指示语位置，并通过移位提升到 AgrOP 的指示语位置，通过中心语与指示语呼应关系核查并定值为宾格。用树图表示如图 2-3。

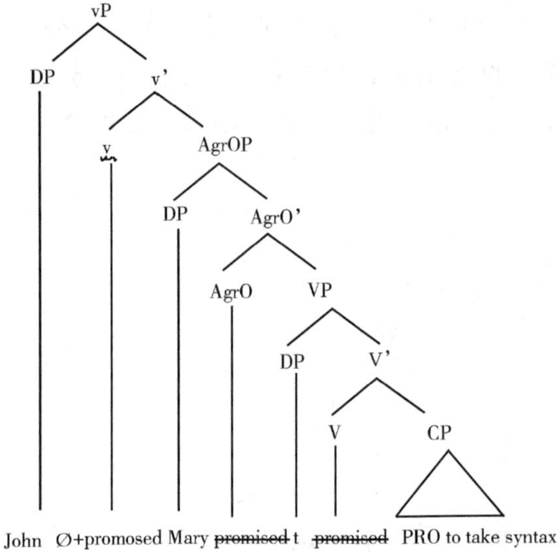

图 2-3　例（9b）树图

控制结构中空主语 PRO 是一个带有隐性格位的名词（Chomsky & Lasnik，1993），其特征由含［-tense］特征的 T 核查。雷德福（Radford，2004）假设 PRO 生成于不定式分句动词的指示语位置，其空格特征由动词短语外的不定式标记 to 核查，并提升到 TP 的指示语位置上删除不定式标记 to 的 EPP 特征。PRO 作为不定式分句的隐性主语获得分句动词的外题元角色，主动词后名词短语作为主动词的域内论元获得内题元角色，从而避免了主动词后名词短语同时获得两个题元角色，遵循了题元准则。

宾语提升结构中，主动词为二位谓词，主动词后名词短语为补语分句的显性主语，作为补语分句动词的域外论元获得题元角色，整个补语分句作为主动词的域内论元，获得主动词的内题元角色。派生过程中补语分句的显性主语提升到主句 AgrOP 的指示语位置，通过中心语与指示语的呼应关系核查并定值为宾格，如例（6a）。用树图表示如图 2-4。

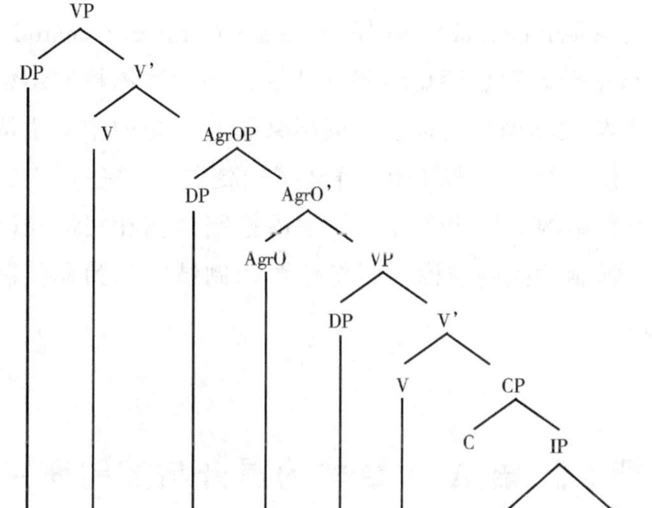

图 2-4　例（6a）树图

通过对 A+I 结构的提升与控制分析，笔者很好地区分了该结构中主动词后名词短语分别在宾语提升结构中与控制结构中的句法位置及特征。宾语提升结构中主动词后名词短语生成于不定式分句动词的指示语位置，获得分句动词的外题元角色，派生过程中提升到主句 AgrOP 的指示语位置，核查并定值为宾格。控制结构中主动词后名词短语作为主动词的域内论元 1，生成于主句 VP 的指示语位置，获得主句主动词的内题元角色，并提升到 AgrOP 的指示语位置核查并定值为宾格，不定式补语分句作为域内论元 2 则停留在原位置；而不定式补语分句的主语为 PRO，主句与不定式分句的语义联系通过核查 PRO 与主动词后名词短语是否同标共指（co-index）来实现，从而区分主语控制（subject control）、宾语控制（object control）和任意控制（arbitrary control）。如 PRO 与主动词后名词短语同标共指，则为宾语控制结构；若 PRO 不与主动词后名词短语同标共指，而指向主句主语，则为主语控制结构；若 PRO 语义指向泛指义的任何人，则为任意控制结构。句法学者们将主语控制结构和宾语控制结构统称为强制性控制结构，而将任意控制结构称为非强制性控制结构。

四、汉语 A+I 结构的提升与控制研究

汉语 A+I 结构也属于兼语句式。有关其分布与特征，先看以下几个例子：

（10）a. 解放军进驻山城使[山城的社会秩序稳定下来了]。

b. 张三使[他生气了]。

c. 新措施使[市场经济繁荣了]。

d. 袁婆婆命令爱犬“战神”[PRO 咬住了歹徒的右小腿]。

e. 我们请他[PRO 来北京]。

f. 新浪公司任命曹国伟先生[PRO 为新总裁]。

以上句子均表现为“NP1+VP+NP2+XP”，所有补语子句中都不能出现“会”“将”“可能”等表情态的成分。假定它们属于 A+I 结构，存在如下几点句法特征上的差异。

第一，例（10a-c）的主动词为单纯致使义动词，NP1是致使动词的主事动元，即致事，是致使动作行为的发出者或致使动作行为产生的原因，是某种抽象的事物或事件，没有施动能力或施动性。致事或致事的动作行为使其后的名词短语产生某种新的状态或动作行为。其中致事分别是“解放军进驻山城”“张三（的某种行为）”和“新措施”，主动词后名词短语 NP2 分别为“山城的社会秩序”“他”和“市场经济”，作为补语分句的主语，由分句动词分配获得题元角色，提升到 AgrOP 的指示语位置核查并定值为宾格。从题元理论的角度来看，单纯致使义动词“使”指派致事和命题两个题元角色。而例（10d-f）的主动词属于除单纯致使义动词外的兼语动词，NP1 与 NP2 构成施事与受事的关系，NP2 是充当受事的名词词组（如“爱犬‘战神’”“他”和“曹国伟先生”），由主动词赋予题元角色，其格特征是通过其隐性移位后与主动词进行核查并定值为宾格，与 PRO 同标共指。

第二，提升结构的补语分句常以静态或事态动词为谓词，如例（10a-c）中的“稳定”“生气”“繁荣”，主动词后名词短语 NP2 之后的成分不能省略；而控制结构的补语分句则常以动态或活动动词为谓词，如例（10d-f）的“咬”“来”“为”，NP2 之后的成分可以省略。例如：

（11）a. * 解放军进驻山城使山城的社会秩序（稳定下来了）。

b. 袁婆婆命令爱犬“战神”（咬住了歹徒的右小腿）。

第三，提升结构的主句动词和补语分句动词均能用“没（有）”“不（要）”来否定；控制结构的主句动词可以用“没（有）”“不（要）”来否定，而其补语分句动词只能用“不（要）”来否定。例如：

（12）a. 有关方面不要使朝核问题局势复杂化。

b. 艾滋病没有使我绝望。

c. 301 总医院的诊断使我不放心。

d. 在俱乐部获得的成就感使他没有了新的动力。

（13）a. 我不请你吃饭。

b. 我没有要求你回复。

c. 我命令你不要学他！

第四，单纯致使动词本身不容易带上表体貌的成分“了/过/着”，而其补语分句中的动词则可以带上这样的成分；宾语控制结构中主动词以及补语分句动词都可以带上表体貌的成分。

（14）a. 解放军进驻山城使（ * {了/过/着}）山城的社会秩序稳定下来了。

b. 小王的欺骗行为使他和小李多年的友谊[t 断绝

{了/过}]。

（15）a. 他请我[PRO 吃{过/了}一顿饭]。

b. 她逼丈夫[PRO 戒了烟]。

第五，汉语 A+I 结构中也存在主语控制结构和任意控制结构。例如：

（16）a. 我答应他[PRO 帮助他的弟弟]。

b. 主人$_i$邀请客人$_j$[PRO$_{i+j}$共进午餐]。

例（16a）中 PRO 与主句的主语同标同指，即帮助他弟弟的人是我。黄正德（Huang，C.-T. James，1989）认为，在例（16a）的补语分句可以出现显性代词“我”，所以出现在例（16a）补语分句的非 PRO，而是小代号 pro，与主句主语“我”同标共指。我们认为主语控制结构的补语分句中应该为 PRO，如果补语分句中出现显性代词，则句中必须带上表情态的成分，如“会”“将”等，补语分句为定式子句。如“我答应他［我会帮助他的弟弟］。”例（16b）中 PRO 指向主句的主语和宾语的综合体，即“共进午餐”的是主人和客人。

以上分析表明，A+I 结构分析为提升与控制结构具有普遍意义。汉语 A+I 结构也区分为宾语提升结构和控制结构，宾语提升结构主动词为单纯致使动词，以起因名词组为主语，并以表示结果的命题子句为补语分句，主动词后名词短语为补语分句的主语，由分句动词分配题元角色，提升并核查定值为宾语。控制结构主动词属于除单纯致使义动词外的兼语动词，以施事为主语，以受事为宾语，并以事件子句或活动子句为补语，主动词后名词短语作为主动词的域外论元获得外题元角色。PRO 同主句宾语同标共指的，为宾语控制结构；PRO 同主句主语同标共指的，为主语控制结构；PRO 同主语与宾语的语义结合体同标共指的，为任意控制结构。

五、结　语

陆俭明、沈阳（2003）指出，汉语是形态极不发达的语言，缺乏显性的语法形态变化标记，句法差异的表现形式不容易一下子找出来，最好的办法是要找出句子之间的形式特征。本章在最简方案框架下就英汉语 A+I 结构做了简要分析，指出 A+I 结构分析为提升结构与控制结构具有普遍意义，并初步解释了汉语 A+I 结构区分为提升结构与控制结构的句法差异。但仍存在一些不足，如以静态动词为补语分句谓词的显性“使”字句大多可以变换为作格结构，如“使社会秩序稳定—稳定了社会秩序”“使市场繁荣—繁荣了市场”等，而其他兼语结构没有这种变换形式。此外，也有不少“使”字句（尤其是动作动词作补语分句谓语的结构）不能这样变换，如“使我有了新的动力”“使局势复杂化”等。而对“使”字句的内部结构的差异是否影响到汉语提升结构与控制结构的区别，汉语宾语提升动词与控制动词之间的差异具体是什么，等等，笔者将留待以后做进一步的研究。

第三章

空主语 PRO 与现代汉语控制结构*

* 本章内容已经发表在《语言学论丛》2010 年第 42 辑，本次出版时进行了完善补充。

一、引　言

空语类指的是没有语音形态，却有句法和语义功能的结构成分。关于空主语 PRO 的语义所指的理论称为控制理论。乔姆斯基（Chomsky，1981：55-57）将既有指代成分特点，又有照应成分特点的 PRO 同其先行词的指代关系分析为控制关系，并指出：PRO 不受管辖。在支配及约束理论的框架下，控制结构分为以下几类：强制性控制结构（obligatory control，OC）、任意控制结构（arbitrary control construction）、非强控制结构（non-obligatory control，NOC）。

举例如下：

（1） a. $John_i$ wanted[PRO_i to leave].

b. Mary persuaded $Bill_i$[PRO_i to leave].

c. [PRO_{arb} To err] is human.

d. Mary said that it is necessary[PRO to cut the glass in winter].

例（1a）为主语控制结构（subject control constructions），句中 PRO 必须与主语 John 同标共指，即 PRO 必须受到主句主语的控制。例（1b）为宾语控制结构（object control construction），PRO 必须受到主句宾语的控制，同宾语同标共指（co-index）。主语控制结构和宾语控制结构又归类为强制性控制结构（OC）。例（1c）为任意控制结构，PRO 指向泛指的任何人（arbitrary reference）。例（1d）为非强控制结构（NOC），PRO 的控制语（controller）既可以是 Mary，也可以是其他个人或群体，甚至是任何人。

虽然国外大部分学者都认为 OC 和 NOC 很好地阐释了控制结构，但对于 OC 和 NOC 分别具体包含哪些句子类型存在争议(Landau，1999，Hornstein，1999，等)。朗道(Landau，1999）从句法的角度考虑，认为部分控制、分裂控制、变量控制结构和彻底控制一样，不定式分句空主语 PRO 与一个主句的先行词相联系（至少部分地关联），它们都由相同的控制机制派生而来，因而将它们归类为强制控制结构；长距离控制和任意控制结构不需要局部先行词（local antecedent），因而归类为非强制控制结构。霍恩斯坦（Hornstein，1999）从语义的角度考虑，认为部分控制、分裂控制和变量控制结构中 PRO 允许各种不同的解释，这一点区别于彻底控制的唯一控制语，因此将它们和任意控制一起归类为非强制控制结构，将彻底控制归类为强制控制结构。本书采用朗道对控制结构的归类方式，并指出单纯的句法结构特征不足以决定某一例句属于某种控制结构，还需要结合语义和语用因素来补充说明并加以区分。笔者的研究结果符合沃姆布兰德（Wurmbrand，2002）对于控制结构的观察。沃姆布兰德指出在许多例句中，单纯的句法结构特征与时态特征并不足以决定某一例句属于某种控制结构，还需要结合语义特征来补充说明并加以区分。

控制理论应用对象的分布和所指关系比较复杂，很难归纳出完整的语义或句法规律。乔姆斯基（Chomsky，1981：78）指出：“... this theory involves a number of different factors: structural configurations, intrinsic Properties of verbs, other semantic and pragmatic considerations.”（这条理论涉及许多不同的因素：结构构造、动词的内在特征、其他语义和语用考虑。）

从 20 世纪 80 年代至今，研究者们从句法、语义和语用的视角对控制结构进行系统研究，而且对控制结构的跨语言研究也不断深入展开。语言学界对控制理论的认识逐渐发展成熟［乔姆斯基和拉斯尼克（Chomsky & Lasnik），1977；曼奇尼（Manzini），1983；科姆里（Comrie，1984）；朗道（Landau），1999、2001、2004、2006、2007；马丁（Martin），2001；霍恩斯坦（Hornstein，1999、2003）；杰肯道夫和库里卡弗，2001、2003；西于尔兹松（Siguðsson，2007）；等。

汉语界对汉语 PRO 的研究成果较多，如黄正德（1983、1984、1987、1989）、沈阳（1994）、胡建华（1997）、王德忠（1999）、高明乐和郭献庭（2003）、陆俭明和沈阳（2003）、饶萍（2004）、杨大然（2006）、刘红（2006）等。大多数研究对 PRO 指代主语和宾语做了较深入的探讨，而对于 PRO 的其他指代现象少有论及。对于控制结构，国内学者也论述不多。温宾利（2002：174）对英语控制理论作了简要介绍，认为控制结构分为强制性控制结构和非强制性控制结构。强制控制结构指 PRO 必须依赖控制语才能获得解释，包含主语控制和宾语控制，例如：

（2）a. John_i promised［PRO_i to visit Las Vegas］.

b. John_i persuaded Mary_j［PRO_j to go by herself］.

例（2a）中 PRO 受到主句主语的控制，称为主语控制（subject control）；例（2b）中 PRO 受到主句宾语的控制，称为宾语控制（object control）。

有些情况下，PRO 可以具有任指意义，不受句中成分的控制，称为非强制控制。如例（3），PRO 的先行语既可以是主句的主语，也可以不是。

（3） a. $John_i$ wondered[how $PRO_{i/j}$ to behave in public].

b. $John_i$ doesn't know[what $PRO_{i/j}$ to do about it].

石定栩（2002：265）分析了早期支配及约束理论中 PRO 的三种控制关系，分别是强制性控制、非强制控制和任意控制。

两位学者对控制结构的介绍均欠全面，控制结构除上述控制关系外，还包括分裂控制、隐含控制和变量控制等。

李京廉（2006、2009）系统地介绍了控制理论以及对该理论的句法、语义和语用研究，并尝试将这些研究成果运用到汉语中，在控制理论框架下统一解释连动式、动补结构、兼语式和动词主语结构，并提出了 PRO 释义的综合理论。但作者对汉语定式与非定式的词汇判定标准存在问题，兼语结构和动词补语结构的子句也可以跟“正在”和“将要”，PRO 的非定式判定标准证据不充分，而且作者所提出的综合控制理论未考虑部分控制关系和隐含控制关系，存在不足。

本章在修正的“隐含 P”的判定标准的指导下，结合句法、语义和语用，研究汉语 PRO 的成分指代，深入探讨汉语控制结构的分类及其句法语义特征。

二、现代汉语空主语 PRO

（一）空主语 PRO 与非定式句

乔姆斯基（Chomsky，1982）指出 PRO 具有［+anaphora］和［+pronominal］两种特征，即在管辖范围内必须既受约束又不受约束。英语中只有非定式句的主语位置才存在空主语 PRO，PRO 没有管辖范围，不存在是否受约束的问题。PRO 的存在可从题元准则、扩充的投射原则和约束原则中找到相关的证据，如例（4）。

（4）a. We would like[you to stay].

b. We would like[to stay].

这两个句子都含有不定式子句 TP（Tense Phrase），例（4a）中的 TP 有显性主语，而例（4b）中的 TP 没有。因此，研究者们认为没有显性主语的 TP 子句中包含一个 PRO。设置这样一个 PRO 的位置有其理论依据。

第一，论元结构和题元准则（Theta Theory）。

每个动词都有一个论元结构。论元结构规定了实现动词表达的动作或状态所需要的最少论元数量。根据题元准则，每一个论元都必须充当一个题元角色，而且只能充当一个；每一个题元角色都必须分派给一个论元，而且只能分派给一个论元。例（4）中动词“stay”是一个一元谓词，需要一个获得“stay”的述题题元角色的域外论元。因此，设置 PRO

满足了动词的论元结构以及题元准则。

第二，扩充的投射原则（Extended Projection Principle，EPP）。

根据 EPP，每个句子都必须有主语，否则句子不合语法。例（4）中不定式子句可以存在一个显性的主语“you”或者 PRO，这样分析与 EPP 原则相符合。

第三，约束原则（Binding Theory）。

反身代词要求有一个局部先行词，即反身代词所在的 TP 包含它的先行词。

（5） a. They want[John to help himself].

b. * They want[John to help themselves].

c. John wants[PRO to Prove himself].

例（5a）中反身代词“himself”所在的 TP 中包含它的先行词“John”，句子合语法。而例（5b）中反身代词“themselves”在它所在的 TP 中找不到局部先行词，违背了约束原则，句子不合语法。例（5c）中 PRO 的设置满足了约束原则。作为反身代词“himself”的局部先行词，PRO 与主句主语“John”同标共指。

PRO 的存在具有理论上和事实上的依据，同时，PRO 的设置也符合科学理论所要求的非冗余性和简约性（Non-Redundancy and Economy）。

大部分汉语学者认同 PRO 的存在，但对于汉语中是否可以区分定式与非定式存在分歧。一部分学者（如黄正德，1983；Li，1990；胡建华，1997；Tang，2000；石毓智，2001；陆俭明、沈阳，2003；李京廉、刘娟，2005；杨亦鸣，2008；黄正德、李艳惠、李亚非，2008；等等）认为汉语中存在定式与非定式之分。另一部分学者（朱德熙，1985；Xu，1986；黄衍，1995；胡建华、潘海华、徐烈炯，2001）则认为汉语没有明显的形态变化，不存在定式与非定式之分。

陆俭明、沈阳（2003：535）指出：

……事实上有许多实例可以证明充当谓语的动词和充当其他成分（如主语、宾语、定语、状语）的动词有成系统的句法差异。……只不过由于汉语没有显性的形态变化标记，所以这种差异的表现形式还不容易一下子就找出来罢了。

汉语定式与非定式的划分仍是现代汉语句法研究的一个难点。笔者认为汉语中存在定式与非定式之分，只不过汉语缺乏形态变化标记，句法概念如时、体、格等没有显性标记，定式与非定式结构的区分暂时仍未被发现而已。

（二）现代汉语空主语PRO的判定

陆俭明、沈阳（2003：151）认为，空语类主要指结构中没有出现的具有强制性和系统性的名词成分，本质上反映动词类型和结构类型的系统性。空语类必须以建立严格的抽象动词原型结构系统为前提，根据抽象的结构特性独立判定其是否存在。通过空语类，所有动词类型和动词结构的一致性得到了保证。陆俭明、沈阳将空语类分为三类：省略型空语类、移位型空语类和隐含型空语类（记作“隐含P”）。其中“隐含P”的特点是：第一，某个可以充当V前NP或V后NP的词语没有在主语、宾语位置出现，也没有在结构内其他位置出现；第二，这个词语的原来位置永远不能补出相应的有形词语。

徐烈炯（Xu，2003）指出，“这个词语的原来位置”可以补出相应的有形词语，汉语所有控制动词都允许一个显性的主语代词取代 PRO。徐氏所举的例子要求分句句式必须是复杂结构，而且 PRO 与控制语的距离较远。笔者认为，上述对于“隐含 P”特点的定义存在问题，徐氏对于句法位置的界定不精确，如“V 前 NP”“ V 后 NP”“结构内”和“这个词语的原来位置”。如“V 前 NP”，被徐烈炯定义为该名词不但可以出现在动词前，而且任何情况下都不能加上介词(表被动的“被、给”等除外)。很明显，该界定存在问题，没有注意到动词的论元结构特征与题元角色之间的内在逻辑关系。如“我跟老李商量那件事”一句中，根据“V 前 NP”，主语决不能加上介词，动词“商量”的主语是“我”；而动词的施事是“我跟老李”。笔者认为，动词的论元结构特征与题元角色之间存在内在一致关系，作为动词域外论元的主语“我跟老李”获得动词的施事题元角色。因此，笔者假设修正的“隐含 P”的特点是：第一，动词 V 的论元 NP 没有在相应的标志语(Specifier)或补足语（Complement）位置出现，也没有在包含该动词的 TP 的其他位置上出现。第二，这个 NP 所处的标志语或补足语位置不能补出相应的有形词语。

PRO 是由动词的论元结构特征和题元准则推断出来的。根据修正的“隐含 P”，PRO 指在 VP 的标志语位置上没有出现的 NP，也没有在包含该动词的 TP 的其他位置上出现；而且这个 NP 所处的标志语位置不能补出相应的有形词语。试比较：

（6）a. 张三$_i$设法[PRO$_i$离开了洛阳]。

b. 张三说[e很喜欢李四]。

例（6）中两句的句式都可以形式化为：NP1+VP1+VP2+NP2，但是它们存在本质的差异。例（6a）中动词“离开”前存在一个名词短语，作为动词的域外论元，同动词“设法”的域外论元“张三”同标共指，而且这个名词短语所处的标志语位置不能补出相应的有形词语，因此可以假定例（6a）中动词“离开”前存在 PRO；例（6b）中虽然动词“喜欢”也存在一个隐性的域外论元，但是受语境的影响，该域外论元既可以指代“张三”，又可以指代其他任意的个体或群体，所指代的成分均可以补出，因此可以认为例（6b）中动词“喜欢”前不存在 PRO，而是省略了动词的域外论元。通过对比，可以假定例（6a）与例（6b）的本质差异在于：例（6a）中 VP2+NP2 属于非定式结构，分句的主语为 PRO；而例（6b）中 VP2+NP2 则属于定式结构，分句的主语为语用上的省略，省略的主语需要靠语境来确定。

汉语中相同的句式还存在其他方面的区别，如句式相同却分别属于不同的结构。试比较：

（7）a. 我$_i$去火车站[PRO$_i$接老张]。

b. 我们请他$_i$[PRO$_i$来北京]。

c. 哥哥$_i$领着弟弟$_j$[PRO$_{i+j}$上街了]。

例（7）的句式都可以形式化为：NP1+VP1+NP2+VP2+NP3，但是例（7a）中动词“接”的域外论元同主句的主语同标共指，即 PRO 指代“我”；例（7b）中动词“来”的域外论元与主句的宾语同标共指，即 PRO 指代“他”；例（7c）中动词“上”的域外论元既不指代主句的主语，也不指代主句的宾语，而是指代主句主语和宾语的结合体“哥哥和弟弟”。这种差异促使我们更深入地研究 PRO，试图发现它的分布规律及特征。

三、现代汉语控制结构的分类及其句法基础

（一）汉语控制结构的分类

在修正的“隐含 P”判定标准的指导下，笔者深入探讨了现代汉语 PRO 的句法、语义和语用特征，将汉语控制结构分为以下几类。

第一类，彻底控制（exhaustive control）。

汉语彻底控制结构包括主语控制结构和宾语控制结构。如例（8）、例（9）。

（8）a. 他$_i$打算[PRO$_i$洗那几件衣服]。

b. 我们厂$_i$计划[PRO$_i$再开发几种新产品]。

（9）a. 张三逼李四$_i$[PRO$_i$借钱给他]。

b. 我安排他$_i$[PRO$_i$完成这项任务]。

例（8a）PRO 作为“洗”的施事，同主句主语“他”同标共指；例（8b）PRO 作为“开发”的施事，同主句主语“我们厂”同标共指。两句中 PRO 的位置上都不能补出相应的有形词语，也没有在包含该动词的 TP 的其他位置上出现。这类句子属于主语控制结构。例（9a）PRO 作为“借”的施事，同主句宾语“李四”同标共指。例（9b）PRO 作为“完成”的施事，同主句宾语“他”同标共指。

这类句子属于宾语控制结构。

第二类，部分控制（partial control）。

（10）a. 我$_{i}$去北京［$PRO_{i+?}$开会］。

b. 我$_{i}$去办公室［$PRO_{i+?}$集合待命］。

例（10）中不定式子句动词“开会”和“集合”的施事具有复数特征，而主句的主语控制语为单数，因此，PRO指代主句主语和其他人。部分控制结构中，如果主句主语为复数，那么 PRO 的指代就有两种可能，具体情况取决于语境，如例（11）。

（11）我们$_{i}$去北京［$PRO_{i/i+?}$开会］。

第三类，分裂控制（split control）。

（12）a. 他$_{i}$约我$_{j}$［PRO_{i+j}去赏花］。

b. 朱老明$_{i}$串联了二十八家穷人$_{j}$［PRO_{i+j}告了状］。

例（12a）中 PRO 作为“去赏花”的述题，指代的是“他”和“我”，即“去赏花”是“他”和“我”；例（12b）中 PRO 作为“告”的施事，指代的是“朱老明”和“二十八家穷人”，这类句子属于分裂控制结构。汉语分裂控制又分为两种：第一种为稳定型分裂控制，即汉语不定式分句动词的副词“一起”的出现与否不影响 PRO 的指代成分，如例（13）；第二种为可选择型分裂控制，即汉语不定式分句动词的副词“一起”的出现与否影响 PRO 的指代成分，如例（14）和例（15）。

（13）他$_{i}$约我$_{j}$［PRO_{i+j}（一起）去赏花］。

（14）a. 他$_{i}$陪我$_{j}$［PRO_{j}/PRO_{i+j}做作业］。

b. 他$_{i}$陪我$_{j}$［PRO_{i+j}一起做作业］。

（15）a. 我$_{i}$帮他$_{j}$［PRO_{i}/PRO_{i+j}洗衣服］。

b. 我$_i$帮他$_j$[PRO$_{i+j}$一起洗衣服]。

例（13）中副词“一起”的出现与否并不影响PRO的指代成分，即当主句动词为“约”时，“赏花”的肯定是“我”和“他”；而当删除分句动词的副词“一起”时，例（14a）中PRO的指代成分可以为主句的宾语或主语和宾语的结合体，即做作业的可能是我，而他仅仅只陪着我，也可能是他和我一起做作业。例（15a）中PRO的指代成分可以为主句的主语或主语和宾语的结合体，即洗衣服的可能是我，也可能是我和他。而当副词“一起”出现时，例（14b）和例（15b）PRO的指代成分只为主语和宾语的结合体。

第四类，隐含控制（implicit control）。

（16）a. 张三禁止pro$_i$[PRO$_i$抽烟]。

b. 老师同意pro$_i$[PRO$_i$明天交作业]。

从动词“禁止”和“同意”的论元结构可以推导，例（16）中主句动词“禁止”和“同意”后可以有一个受事宾语，即存在一个隐含宾语pro，而PRO作为“抽烟”和“交作业”的施事，其指代成分则受隐含宾语控制。如果将宾语补充出来，可以得到例（17）的句子：

（17）a. 张三禁止李四$_i$[PRO$_i$抽烟]。

b. 老师同意学生$_i$[PRO$_i$明天交作业]。

第五类，变量控制（variable control）。

（18）我$_i$答应他$_j$[PRO$_i$/PRO$_j$留下来]。

例（18）中PRO作为“留下来”的述题，其指代成分可以是主句主语“我”，也可以是主句宾语“他”。具体的所指须根据该句的语义和语用特征来判断。一种是我在决定自己的去留时，他邀请我，我答应他，我会留下来，此时，PRO 指代“我”；另一种是我在决定他人的去留时，他要求我让他留下来，我答应他，他可以留下来，此时，PRO 指代“他”。

同时，笔者发现分句的名词短语对 PRO 的指代成分有影响，试比较：

（19）a. 我$_i$答应他［PRO$_i$做他女朋友］。

b. 我答应他$_i$［PRO$_i$做我哥］。

根据约束原则，指代成分在自己的支配范畴内是自由的。例（19a）中当不定式分句宾语为“他女朋友”时，我们可以判定“他”不可能是动词“做”的域外论元，只能是主动词“答应”的域内论元，PRO 指代“我”；例（19b）中当不定式分句宾语为“我哥”时，PRO 的指代成分不可能是“我”而只能是“他”。高明乐、郭献庭（2003）在分析空主语 PRO 时，将“我答应他留下来”分析为主语控制结构。笔者认为他们未能充分认识到该句中空主语 PRO 指代的灵活性，以及该句式中子句信息影响 PRO 的解读。

第六类，任意控制（arbitrary control）。

（20）a.［PRO$_{arb}$吸烟］有害健康。

b.［PRO$_{arb}$酒后开车］危险。

PRO 作为“吸”和“开”的施事，其指代成分在例（20a）中为任何吸烟的人，在例（20b）中为任何酒后开车的人。任意控制结构中，动词短语作主语，PRO 为指代任何实施动作的人。有些学者认为这类 PRO 可以被实质性成分所替代。王德忠（1999）认为虽然可以说，“你吸烟有害”，但是这和原句的意思显然不完全一致：原句可以表示任指，而该句则完全丧失了任指的功能。笔者认为，这类句子并不是省略了主语，而是不需要补出。它不需要特定的语言环境就能表达完整而明确的意思。

任意控制结构中 PRO 还可以指向主句的属格宾语（李京廉，2009：148），如例（21）。

（21）a.[PRO_i 吸烟]危害他$_i$的身体健康。

b.[PRO_i 酒后开车]危及他$_i$的生命。

第七类，复合控制（compound control）。

（22）a. 我$_i$打电话$_j$[PRO_i 叫汽车$_k$][PRO_i 上医院][PRO_i 看病]。

b. 我请经理$_i$[PRO_i 派个司机$_j$][PRO_j 送这个孩子$_k$][PRO_k 回学校]。

c. 他$_i$写信[PRO_i 请求组织上$_j$][PRO_j 允许小李$_i$][PRO_i 到这儿来][PRO_i 工作]。

例（22a）中存在三个 PRO，且 PRO 均指代“我”，即句子中的谓词都可以分别跟同一个主语发生主谓关系，这种句式可以称为复杂连动式。例（22b）中存在三个 PRO，且每个 PRO 的指代成分均为 PRO 前的名词短语，这种句式可以称为复杂兼语式。例（22c）中存在四个 PRO，第一个 PRO 的指代成分为“他”；第二个 PRO 的指代成分为“组织”，“组织”为兼语；后面两个 PRO 的指代成分均为“小李”，“小李”为兼语，这种句式可以称为连动兼语混合式。

综上所述，现代汉语控制结构分为彻底控制（包括主语控制和宾语控制）、部分控制、分裂控制、隐含控制、变量控制、任意控制和复合控制。

（二）现代汉语控制结构的个性特征

对照霍恩斯坦（Hornstein，1999）和朗道（Landau，1999、2001）的研究成果，汉语控制结构的分类具有语法关系上的普遍意义。霍恩斯坦和朗道分析英语控制结构的句法语义特征，指出控制结构包括彻底控制、部分控制、隐含控制和任意控制。现代汉语也存在相似的控制关系。这表明控制关系具有普遍性，是普遍语法的一部分。汉语控制结构具有控制结构的一般的法则，其表现如下。

维瑟（Visser，1963－1973）认为宾语控制动词可以被动化，带宾语的主语控制结构不能。汉语彻底控制结构也具有该法则特征，如例（23）、例（24）所示。

（23）a. 我答应他作他女朋友。

b. * 他被答应作他女朋友。

（24）a. 张三逼李四借钱给他。

b. 李四被逼着借钱给他。

巴赫（Bach，1979）认为控制结构中的主语控制动词可以去及物化，而宾语控制动词不可以。汉语控制结构也具有该法则特征，如例（25）、例（26）所示。

（25）a. 我答应他作他女朋友。

b. 我答应作他女朋友。

（26）a. 张三逼李四借钱给他。

b. * 张三逼借钱给他。

但是，汉语又具有独特的个性特征，表现在以下几点。

第一，现代汉语是主语脱落语言（pro-drop language），允许定式子句存在空主语 pro，pro 位置可以词汇化。黄正德

（Huang，1989）在广义控制理论（Generalized Control）的框架下统一分析pro和PRO的句法特征，指出PRO和pro都具有［+pronominal］特征和相同的控制域，可以将两者归并为没有语音内容的空虚指代成分Pro，进而用广义控制规则来确定其前指关系。依此，笔者认为PRO和pro都具有［+pronominal］特征，也具有相同的控制域，遵循广义句法控制规则（Generalized Control Rule），如例（27）。

（27）a. 张三$_i$决定[pro$_{i/j}$明天回家]。

b. 张三决定[我们明天回家]。

例（27）中pro是宾语小句的主语，主句为pro的实际控制领域，pro语义指向主句主语。

现代汉语是话题突出语言，pro除受主句主语的制约外，还受整句的话题操作词（topic operator）局部制约，如例（28）。

（28）a. Op$_j$，张三$_i$说[pro$_{i/j}$下午没有空]。

b. 李四$_i$，张三$_j$说[pro$_i$下午没有空]。

例（28a）中pro受主句主语制约，语义指向主句主语。如果pro不受主语控制，pro会受到话题操作词的制约，语义指向话题。如果话题“李四”出现，pro指向话题，如例（28b）。

第二，汉语分裂控制结构分为稳定型分裂控制和可选择型分裂控制。汉语可选择型分裂控制在删除副词“一起”后，PRO既可能指代主句主语或宾语，又可能指代主语和宾语的结合体。只有结合语境，才能更加精确有效地解释分裂控制结构，判断PRO具体所指代的名词短语。

第三，汉语中同一句子中可以有多个PRO，当所有PRO

均指代主句的主语时，该句式为复杂连动式；当每一个 PRO 各指代该空主语前的名词短语时，该句子为复杂兼语式；当同一句中部分 PRO 指代主句主语，其他 PRO 指代 PRO 前的名词短语时，该句子为连动兼语混合式。复合控制结构内部的几个谓词不管语义关系是什么样的，谓词的排列都遵循时间顺序，即先出现的动作在前。

（三）现代汉语控制结构的句法结构基础和语义语用因素

通过分析 PRO 所在的非定式子句所处的位置（即子句在主句中作主语、补足语还是附加语）和控制动词的语义特征，现代汉语控制结构的句法结构基础体现为以下几类。

第一，当 PRO 所在的非定式子句在主句中作动词的补足语（complement）时，PRO 一般受到强制控制。包含该非定式子句的结构主要是兼语式和动补结构。其控制动词主要表达致使义（安排、说服、叫、要求、催促、逼迫、强迫、请、邀请、约、劝、推选、选举、派、禁止等）和非致使义/意愿［答应、发誓、保证、设法、试图、尝试、准备、决心、决定、选择、拒绝、同意、喜欢、想（要）、希望、打算、能、会、要、开始、继续、进行、停止等］。致使义动词的控制关系包括宾语控制、分裂控制，如例（29）；非致使义/意愿动词的控制关系包括主语控制、部分控制、隐含控制、变量控制，如例（30）。

（29）a. 张三$_i$安排李四$_j$［PRO$_j$学汽车］。

b. 他$_i$约我$_j$［PRO$_{i+j}$一起去赏花］。

（30）a. 他$_i$开始［PRO$_i$学习一门外语］。

b. 妈妈$_i$答应［PRO$_{i+j}$下午一起去看电影］。

c. 老师$_i$同意 pro$_j$[PRO$_j$明天下午交作业]。

d. 张三$_i$答应李四$_j$[PRO$_{i/j}$留下来]。

第二，当 PRO 所在的非定式子句在主句中作附加语时，PRO 一般受到强制控制。包含该非定式子句的结构主要为汉语连动式。连动式中 PRO 一般指向 V1 的施动者，控制关系为主语控制。吕叔湘（2005：36）指出，连动式 V1-V2 联系同一个施动者，中间不能停顿。通过 PRO 的语义指向分析，可以发现 V2 的施动者还可以是 V1 的施动者和其他人，控制关系为部分控制，如例（31）。

（31） a. 小明$_i$去书店[PRO$_i$买书]。

b. 小明$_i$去教堂[PRO$_{i+}$结婚]。

第三，当 PRO 所在的非定式子句在主句中作主语时，PRO 受到非强制控制。动词主语结构中 PRO 指向任意一个人或指向主句的属格宾语。

PRO 的控制关系决定于句子的句法结构基础，同时还受其他语义和语用因素的影响，具体表现在以下方面。

其一，非定式子句信息的变化会影响 PRO 的单复数特征，继而影响 PRO 的控制关系。连动式中，子句动词“买书”替换为“开会”，PRO 的主语控制关系转变为部分控制关系，如例（32）；无致使义的兼语式中，子句添加副词“一起”，PRO 的主语控制关系转变为分裂控制关系，如例（33）。

（32） a. 我$_i$去书店[PRO$_i$买书]。

b. 我$_i$去北京[PRO$_{i+}$开会]。

（33） a. 我$_i$帮他$_j$[PRO$_i$洗衣服]。

b. 我$_i$帮他$_j$[PRO$_{i+j}$一起洗衣服]。

其二，宾语控制结构中，宾语控制语的省略派生隐含控制关系，空宾语的指代由语境决定，PRO 的所指则受空宾语控制，如例（34）、例（35）。

（34）a. 张三禁止员工[PRO 抽烟]。

b. 张三禁止[PRO 抽烟]。

（35）a. 老师答应学生[PRO 明天交作业]。

b. 老师答应[PRO 明天交作业]。

另外，“答应”类动词结构中，当子句缺少约束 PRO 的信息时，PRO 的指代变成一个变量，所指必须根据该句的语境判断。只有结合语境，才能对句子的控制类型加以区分。萨格和波拉德（Sag & Pollard，2003）认为，主句动词表达了影响、承诺、倾向性，补足语子句中的 PRO 则指向被影响者、承诺者和经历者。主句控制动词表达影响义，控制关系为宾语控制。主句控制动词表达了承诺义和倾向性，控制关系为主语控制。

综上可知，PRO 所在的非定式子句在主句中作动词的补足语和附加语，PRO 一般受到强制控制；PRO 所在的非定式子句在主句中作动词的主语，PRO 一般受到非强制控制。单纯的句法结构特征并不足以决定某一例句属于某种控制结构，还需要结合语义和语用因素来补充说明，才能对其控制类型加以区分。

四、结　语

通过分析 PRO 的指代，本章将汉语连动式、动补结构、兼语式和动词主语结构统一分析为控制结构，并以此解释了宾语和主语共同充当兼语以及隐含宾语充当兼语等现象。按此解释有助于加深我们对这些结构的句法语义特征的认识。但是，正如石定栩（2002：270）所指出的，汉语 PRO 这样一种句法成分的研究牵涉到许多问题，无论是最根本的体貌是否与动词的定式相关，还是每个具体动作的句法语义特征，甚至是连动词之间的语义搭配，都不是一两句话能够说清楚的。与其他语法理论一样，关于空主语 PRO 的控制理论假设，为我们研究语言普遍语法提供了一个新的研究思路，导出新的研究课题供广大同行继续探讨。

第四章

汉语情态助动词的提升与控制*

* 本章内容发表在《当代语言学》2015 年第 2 期，本次出版时进行了完善补充。

一、引　言

提升与控制结构一直是生成语法的热点话题之一，其相关理论的发展渗透到生成语法理论的各个阶段，是了解生成语法的窗口。国外形式语言学界对提升与控制结构的研究比较成熟（戴维斯和杜宾斯基，2004、2008），却鲜有涉及汉语相关研究的情形。近年来，国内汉语学界开始关注英语提升与控制结构的研究（刘爱英、韩景泉，2004；李京廉、朱玉山，2006；李京廉、刘娟，2005；胡波、文卫平，2007；孙洪波、王广成，2009；马志刚，2010，等等），但对汉语提升与控制的研究只涉及某一类结构（李京廉，2009；胡波，2010，等等），对两者的特征差异缺乏对比分析。一些海外汉语研究者（黄正德，1988；曹逢甫，2005；Lin & Tang，1995；Huang et al.，2009；Lin，2012，等等）从情态助动词的视角分析了提升与控制结构的句法特征，但由于对汉语情态助动词（特别是多义情态助动词）的句法语义分析不全面，提升与控制情态结构的研究无论是从语言事实上还是理论上都略显不足。本章将整体研究汉语情态助动词系统，对比分析提升与控制情态助动词的句法特征差异，并探讨情态助动词的主题提升现象。

二、汉语情态助动词提升与控制的相关论述

汉语情态助动词的提升与控制研究最早见于黄正德（1988）。文中，黄正德指出“敢、肯、能、会（表能力）等”为双论元述词，以有生名词组为其外部论元，以表动作的动词组为其内部论元，属于控制结构；“可以、应该、可能、会（表将来）等”为单元述词，以命题或状态作为其内部论元，无外部论元，属于提升结构。曹逢甫（2005［1990］）进一步指出认识情态助动词“可能、会、应该”具有提升结构的特征，基本主题和非基本主题都可以自由地提升到主句中；道义情态助动词和动力情态助动词带一个施事主语和VP论元，属于非提升结构。林若望和汤志真（Lin & Tang，1995）则认为并非所有的道义情态助动词都属于控制动词。以说话者为对象的道义情态助动词表示“许可、义务”，为提升动词；以主语为对象的道义情态助动词表示“意志、能力”，为控制动词。黄正德等（Huang et al.，2009：106-111）论证了将情态助动词分析为词汇动词的理据，并指出提升情态助动词不限制提升主语的语义内容，允准任何与子句动词语义兼容的主语名词；而控制情态助动词具有内在的语义特征，要求主语具有感知性和意志性，并赋

予主语施事的题元角色。[1] 林宗宏（2012）进一步分析了情态助动词补足语子句的定式与非定式，认为认识情态助动词以定式子句为补足语，而根情态助动词（道义情态助动词与动力情态助动词）选择非定式子句作补足语。但林宗宏也指出存在例外，道义情态"必须"既可以带定式子句，也可以带非定式子句。

上述研究为深入认识汉语情态助动词的提升与控制句法特征打开了一个新的窗口，取得了丰硕的成果。但在以下三个方面值得进一步探讨。

第一，情态助动词的系统性。

先前的研究并非在统一的情态助动词的判定标准下开展，其范围各不相同（见表4-1）。

上述研究在"必须、必得、需要、得、应当、该"等词的归属问题上不一致；而且，在提升与控制情态助动词的具体内涵上也存在分歧，如曹逢甫将道义情态助动词归为控制类，而林若望和汤志真（1995）则将以说话者为对象的道义情态助动词"可以，要，应该"归为提升类。对情态助动词缺乏合理的判定标准，研究必然会产生诸多争议，不利于发现和提炼语言规则。

[1] 黄正德等（2009）注意到汉语情态助动词的多义性，指出不同语义内涵的情态助动词具有不同的句法属性。其中，会$_1$表示可能"be likely to"，可以$_1$表示允许"be permitted to"，两者都为提升动词；会$_2$和可以$_2$均表示能够"be able to"，为控制动词。

表 4-1　非统一的情态助动词判定标准研究

类型	黄正德（1988）	曹逢甫（2005）	Lin & Tang（1995）	Huang, et al.（2009）	Lin（2012）
提升情态助动词	可以、应该、可能、会（表将来）等	可能、会、应该$_1$	可能、应该$_1$、可以$_1$、应该$_2$、可以$_2$、会$_1$	可能、会$_1$、可以$_1$、应该、该	可能、应该$_1$
控制情态助动词	敢、肯、能、会（表能力）等	能$_1$、能够、可以、要、必须、必得、需要、得、应该$_2$、应当、该、会、能$_2$、愿意、肯、敢	可以$_3$、会$_2$、敢、肯、能、想、愿意	敢、肯、愿意、要、能、能够、可以$_2$、会$_2$	必须、应该$_2$、得（dei）、得（de）、能/能够、会、可以、肯、愿意

第二，现代汉语情态助动词的多义性。

现代汉语中有相当比例的情态助动词同时具有认识情态、动力情态与道义情态多种语义特征，不同语义特征的情态助动词具有不同的句法属性。先前的研究对情态助动词的多义性认识不足，如曹逢甫认为“能”具有道义与动力情态，“应该”具有认识情态和道义情态；林若望和汤志真则认为“会、应该、要”具有认识情态和道义情态；黄正德等认为“会、可以”为多义情态助动词。上述学者对多义情态助动词的分析不足，因而对情态助动词的研究缺乏解释的一致性。

第三，提升与控制情态助动词差异。

先前的研究多从情态助动词的语义限制及其相关的题元

角色探讨提升与控制情态助动词的差异，对两类情态助动词的句法语义特征研究不足。

针对上述问题，本章尝试提出判定情态助动词的区别性特征，依此确定其范围，并从论元结构、主语语义限制、否定结构、子句的被动化、疑问代词五方面分析不同情态助动词的句法语义特征，探讨现代汉语情态助动词的提升与控制。

三、情态助动词的判定标准及其范围

结合历时、共时和跨语言事实，笔者尝试分析情态助动词的词类属性，进而确定确立情态助动词的句法判定标准及其范围。第一，情态助动词是动词语义虚化的结果，动词演变为情态助动词是一种语法化过程（李明，2001；朱冠明，2002，等等）。跨语言的历时研究表明，助动词结构主要来源于一些谓语结构，如“谓词+补足语子句”结构、并列谓语结构、连动结构、“名词性谓词+系动词”结构等，情态助动词是这些结构中谓词虚化的结果（Anderson，2006）。第二，情态助动词仍具有一般动词的普遍特性。情态助动词的动词属性表现在以下几个方面：可以出现在一个完整的句子之后；可以和词汇动词并列；可以出现在句子之前；对其主语论元具有内在的语义限制（Huang et al.，2009：106－111）。[1] 第三，在动词具有时态和人称标记的语言中，时态和人称标记多数是加在“助+动”短语的情态助动词上，这表明情态助动词是整个句子的核心（石毓智，2010：305）。

情态助动词历时、共时和跨语言的研究表明：情态助动词是动词语法化的结果，具有动词的属性特征。根据朱德熙（1982：59－61），假设情态助动词带真谓词宾语作补足语，则区分为两类：提升情态助动词和控制情态助动词。其中，提升情态助动词的补足语为主谓结构；控制情态助动词的补足语为非主谓结构，包括述宾结构、述补结构、连谓结构和状中结构。依此，判定情态助动词的区别性特征标准为以下三个：第一，以非主谓结构为补足语的二元动词，或以主谓结构为补足语的一元动词；第二，不可以受时间副词“正（在）”修饰；第三，可以单独回答问题。

第一个标准确定了情态助动词的动词属性，可以解释情态助动词既能为主语赋予题元角色，又可独立于句子命题之外，充当“高一级的谓词”，进而可以解释情态动词的各种分布现象。考察《现代汉语词典》与《汉语动词用法词典》，第一个标准所概括的动词既包括情态助动词，也包括

[1] 其他语言情态助动词的句法研究也表明了情态助动词对论元的语义限制，如艾拉和安娜（Alya & Anna，2005）研究发现他加禄语（Tagalog）中情态助动词赋予主语题元角色当且仅当情态助动词句法上标记主语；巴比耶（Barbiers，2006：8）也论证了土耳其语的部分情态助动词能赋予论元以题元角色，并通过介词 van（of）为其赋格。

部分意愿动词[1]和粘宾动词[2]。意愿动词如“想（表打算）、设法、打算、试图、力图、力争、企图、获准”等；粘宾动词如“得以、加以、足以、便于、甘于、敢于、苦于、乐于、难于、善于、适于、易于、勇于、甘愿、显得、懒得、横加、胆敢、着手、认”等。第二个标准将带包含空主语PRO的真谓词宾语的意愿动词排除在外。这类意愿动词可以与表进行的副词“正（在）”连用，而情态助动词则不能。第三个标准将粘宾动词排除在外。粘宾动词不能单独回答问题，而情态助动词则可以。

结合上述判定标准，本书确定情态助动词的范围为：能（能够）、可以、会、可能、敢、肯、要、应该（应当）。

对于该范围，笔者作出以下四点说明：第一，将“可、得（dé）、应、当、要（表示可能）、得（děi）、必、须、甭、别”排除在外。笔者认为这些词是语法化程度较高的情态标记，类同于表达情态意义的词缀，不能单独做谓语，必须附着在动词之上才能回答问题，具有极强的定位性。吕叔湘（1979：48）和蔡维天（2010）都指出表“能够”的“得”属于词缀范畴，可见一部分情态标记已经演化为情态词缀，但

[1] 胡裕树、范晓（1995：243-246）将这类词分析为行为心理动词，指出这类词只能带谓词宾语，不能加“很”修饰，并把“愿意、情愿、肯、敢、要、高兴、乐意、打算”等分析为心理动词的子类：意愿动词。胡波（2010）指出，意愿动词“打算、计划、设法、企图”等带空主语PRO，PRO受到强制控制，表现为主语控制、部分控制、隐含控制和变量控制。

[2] 胡裕树、范晓（1995：198-185）将句法上一定要带宾语的动词定义为粘宾动词。粘宾动词不能单说，不能带补足语，不能重叠，动作性很弱，其宾语不能省略，不能出现在其他句法位置上。《现代汉语词典》中收录372个粘宾动词，其中带谓词宾语的有79个，包括“显得、乐于、足以、横加”等。

相关结论有待进一步证实。第二，将“一定、必须”排除在外。蔡维天（2010）指出这两个词不允准其后的动词组前置，也不允准其后的动词组删除，因此不属于中心语范畴，很可能是占据附加语或指示语位置的情态副词。“一定”的语法化研究表明，该词是动词短语逐步凝固成形容词、再虚化为的副词（陈勇，2011）。第三，将“好、难、容易、好意思”等排除在外，这些词虽在部分句法特征上与情态助动词相近，但是不能单说，而且其词类为形容词（朱德熙，1982：66），故也不在本书考察范围内。第四，将“准、许、想（表希望）、愿意、情愿、乐意、值得”排除在外，原因在于这些词属于带主谓结构作宾语的二元动词，不符合第一条判定标准。赵元任（2002［1968］：356）指出，相望动词和带宾语从句的动词不属于情态助动词，从句的主语省略就变成截然不同的句子，而且这类动词省略句子不合法。

依此，本章将进一步分析现代汉语情态助动词的语义类型。根据彭利贞（2007：123-158）研究，下面将情态助动词分为动力情态、道义情态和认识情态三类，其语义内涵如表4-2所示。

表 4-2　三类情态助动词语义内涵

情态助动词	语义类别	语义内涵［来自《现代汉语八百词》（增订本），2005］
能$_1$	认识	有可能，估计某事将要发生
能$_2$	动力	有某种用途
能$_3$	道义	情理上或环境上的许可
能$_4$	动力	有能力做某事或善于做某事
可以$_1$	动力	有某种用途
可以$_2$	道义	情理上或环境上的许可

续表

情态助动词	语义类别	语义内涵［来自《现代汉语八百词》（增订本），2005］
可以$_3$	动力	有条件有能力做某事❶
会$_1$	认识	有可能
会$_2$	动力	懂得怎样做或有能力做某事，善于做某事
可能	认识	估计、也许、或许
敢	动力	有勇气做某事；有把握作某种判断
肯	动力	愿意、乐意
要$_1$	认识	估计，将要
要$_2$	道义	需要，应该
要$_3$	动力	做某事的意志
应该$_1$	认识	估计情况必然如此
应该$_2$	道义	情理上必须如此

四、情态助动词的提升与控制

本部分将在上述分析的基础上从论元结构、主语语义限制、否定结构、子句的被动化和疑问代词方面尝试分析现代汉语情态助动词的句法特征，探讨提升与控制结构的特征差异。

（一）论元结构

认识情态助动词“能$_1$、可能、会$_1$、要$_1$、应该$_1$”为一元动词，包含一个命题子句论元，为提升动词。根据林若望和汤志真（1995）的研究，假设命题子句为 CP 的定式子

❶ 彭利贞（2007：152-154）指出“可以”并不具有“可能”义，而具有“有条件或有能力做某事”的意义。

句，允准子句宾语提升为子句主题，其底层结构如图所示。

（1）

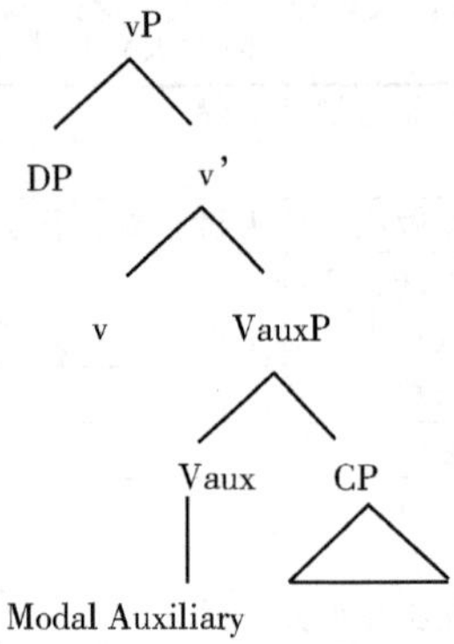

该类情态助动词的主语位置不受扩充的投射准则（Extended Projection Principle）约束，不需要补出类似英语虚主语的成分。但补足语子句主语可提升到情态助动词之前，充当句子的主题，如例（2）。❶

（2）a. 张三$_i$可能 t_i独自去了西藏。

b. 李四$_i$应该$_1$$t_i$已经结婚了。

而认识情态助动词“能$_1$、会$_1$、要$_1$”不能出现在句首，

---

❶ 林宗宏（Lin，2011）认为认知情态助动词带定式从句补足语，从句主语受扩充投射准则（EPP）驱动，从定式从句主语位置提升到主句主语位置，遵循最小链接条件（minimal link condition）。汉语缺乏语法上的 Φ 特征，其定式从句不同于英语的定式从句，不会产生岛屿效应（island effect），因此不阻碍定式主语提升。林宗宏认为，当 lexical array 中存在空主语，则情态助动词与空主语合并，定式主语不提升；而当 lexical array 中不存在空主语时，受 EPP 驱动定式主语强制提升。他认为主句的 T 搜索一个最近的目标以匹配 Φ 特征，因此 T 上的未赋值的特征得以赋值，但这种 Φ 特征的一致核查是无实际成分地满足（vacuously satisfied）。

否则句子不合法，如例（3）。

（3）a. ＊会$_1$彗星撞到地球。

b. ＊能$_1$比赛按预期进行吗？

曹逢甫（2005［1990］：282－293）认为，认识情态助动词“能$_1$、会$_1$、要$_1$”不能出现在句首，原因在于这些情态助动词的认识情态义源于动力或道义情态义，单音节情态助动词保留了对有生主语的要求，强制最近的有生名词短语提升为主语。但从例（3）中可以看出，强制提升的主语并不是有生主语。笔者假设，此类情态助动词的语法化并非保留其对有生主语的要求，而是保留了其论元结构。

动力情态助动词“敢、肯、要$_3$、能$_4$、可以$_3$、会$_2$、能$_2$、可以$_1$”和道义情态助动词“能$_3$、可以$_2$、要$_2$、应该$_2$”为二元动词，包含一个事件论元和一个施事论元，为控制动词。可以假设控制动词的事件论元为 TP 的非定式子句，不允准子句宾语提升为子句主题，其底层结构如例（4）所示。

（4）

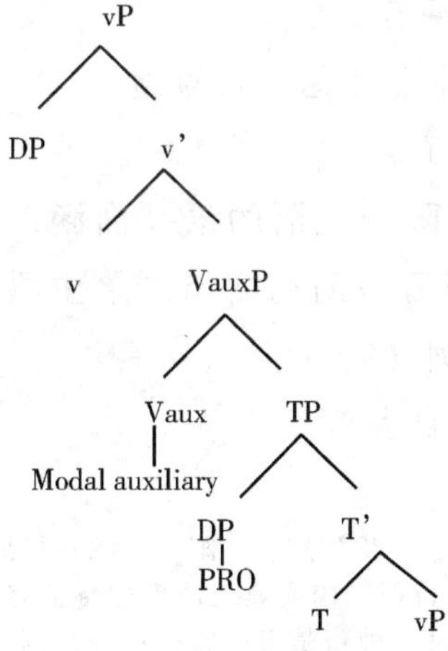

动力情态助动词的主语基础生成，补足语子句存在空主语 PRO，语义指向主句主语，为主语控制结构，如例（5）。

（5）a. 张三$_i$敢 PRO$_i$独自去西藏。

b. 李四$_i$会$_2$PRO$_i$说普通话。

（二）主语语义限制

提升情态助动词不限制提升主语的语义内涵，允准任何与子句动词语义兼容的主语。

（6）a. 你们能$_1$有什么正经事？

b. 学生会$_1$读你的书吗？

c. 你应该$_1$跟他结婚。

d. 他们可能去了学校。

e. 张三要$_1$还李四一笔钱。

（7）a. 这次比赛能$_1$成功吗？

b. 那颗陨星不会$_1$撞到地球。

c. 婚礼应该$_1$结束了。

d. 政治丑闻可能会让他一败涂地。

e. 这件事要$_1$黄了。

控制情态助动词语义限制主语的语义内涵，要求主语具有感知性和意志性，控制情态助动词指派给主语非典型施事题元角色，❶如例（8）、例（9）。

（8）a. 张三敢/肯独自去西藏。

---

❶ 道蒂（Dowty，1991；转引自徐烈炯、沈阳，1998）指出典型施事和典型受事都具有一系列独立的语义特征。构成典型施事的特征有五点：意志性、感知性、使动性、移位性和自立性。施事是五种特征中的一部分的组合，但至少要包括意志性和使动性。

b. 他不会$_2$说普通话。

c. 我可以$_3$左右他。

d. 张三能$_4$独自去西藏。

e. 我要$_3$洗澡了。

（9） a. *这本书敢/肯很贵。

b. *这工具会$_2$有些困难。

c. *这种果子可以$_3$吃。

d. *这件事能$_4$给他们带来好运。

e. *这项工程要$_3$结束了。

值得注意的是，道义情态助动词也不限制主语的语义内涵，无生命的NP也可以充当其主语，如例（10）（Lin & Tang，1995）。笔者认为道义情态助动词之前可以补出有生命的主语，因此无生命的NP可能是主题提升而来，如例（11a）；而且，道义情态助动词前的无生命名词短语可以是基础生成的话题，并非从句宾语提升而来，如例（11b）。

（10） a. 那批书应该$_2$送给学校。

b. 那件事可以$_2$告诉张老师。

（11） a. 那批书$_i$张三应该$_2$送 t_i给学校。

b. 这事儿你应该$_2$去。

此外，汉语容纳句也可以带情态助动词，允准主宾语互换，如例（12）、例（13）。

（12） a. 一锅饭可以吃十个人。

b. 一间教室能坐五百个人。

（13） a. 十个人可以吃一锅饭。

b. 五百个人能坐一间教室。

曹逢甫（2005［1990］：290）认为，这里的情态助动词是动力情态助动词，表达情况的可能性、容量和必要性。但上述句式中的“容量”义并非情态助动词的语义内涵，而是句式义所隐含的内容，因为不出现“可以”并不影响句子获得的“容量”义的解读。笔者赞同该结构中的情态助动词表达情况的可能性，属于提升结构。

（三）否定结构

根据吕叔湘（2006［1999］：384），“没、没有”用于客观叙述，否定动作或状态已经发生，只用在“能、能够、要、肯、敢”等少数几个情态助动词之前，限于指过去和现在，不能指将来；而“不”用于主观意愿，可指过去、现在和将来，用于所有情态助动词之前。❶依此，控制情态助动词可以用“没、没有”否定；提升情态助动词不能与“没、没有”搭配，❷如例（14）、例（15）。

（14）a. 张三没/不敢采取任何行动。

b. 小明没/不要$_3$去海南。

c. 她没/不肯听我的话。

d. 李四没/不能$_4$上大学。

（15）a. 这次比赛 * 没/不能$_1$成功。

---

❶ 根据《现代汉语八百词》，“得”表示“情理上、事实上或意志上的需要”，其否定形式为“不用、用不着、甭”，不能用“不得”；“可以”表示“可能；有某种用途；许可”，其否定形式为“不能”。

❷ 提升情态动词的否定有例外，“可能”可以用“没、没有”否定。

（1）a. 都这个时间了，他们没有可能去学校。

b. 他根本没有可能战胜马琳和王浩。

例（1）中“没有可能”既可以表示对情态助动词客观性的否定，如例（1a）；也可以表示对情态助动词主观性判断的否定，并指涉将来，如例（1b）。

b. 这件事 * 没/不应该$_1$闹得沸沸扬扬。

c. 这件事 * 没/不要$_1$黄了。

d. 这件事 * 没/不可能让你名誉扫地。

道义情态助动词虽属于控制类范畴，但其主观性强度较强，不是客观叙述，只能用“不”否定，且不涉及主语的主观意愿，而是表达说话者的主观态度和观点。

（16）a. 这台机器 * 没/不应该$_2$送去维修。

b. 张三 * 没/不可以$_2$参加这次活动。

c. 他没到年龄，* 没/不能$_3$去上学。

d. 你 * 没/不要$_2$提前还贷款。

彭利贞（2007：346）指出，“没、没有”不能与动力控制情态助动词“可以$_3$、会$_2$”搭配，原因在于动力情态控制动词“可以”表示极大量特征的能力，使得它本身不存在否定形式；“会$_2$”表示的能力具有连续量、无界特征，不能与“没”相容。“没、没有”表示对动力情态的否定，即某种外力使得施事失去实施某种行为的动力，常以起始句或后续句的形式出现，预先或补充说明施事最后导致动力缺失的原因，如例（17）；“没”与动力情态搭配常充当“使”或表示致使结果的“得”的补足成分，如例（18）。

（17）a. 怕你不要，我刚才就没敢当着众人给你。

b. 马先生从一进门到现在，始终没敢正眼看温都太太。

c. 这最后的称赞，他没肯指出姓名来，怕桌子传给那个人，而他的屁股遭殃。

（18）a. 瑞丰听到安儿胡同与烤肉，口中马上有一大团馋涎往喉中流去，噎得他没能$_3$说出话来，而只极恳切地点头。

b. 这种自警自惕，使他没敢和任何人瞪眼吵嘴，可也没使他高兴。

（四）子句的被动化

提升情态助动词的补足语子句的被动化结构与其主动结构意义相近，如例（19）；而控制情态助动词的补足语子句被动化与其主动结构意义不同，如例（20），有些子句甚至不能被动化，因为客体的非意愿性与控制情态助动词要求主语的意愿性相冲突，如例（21）。

（19）a. 他可能伤害过那几个女孩。

b. 那几个女孩可能被他伤害过。

（20）a. 张医生敢医治那个病人。

b. 那个病人敢被张医生医治。

（21）a. 武松能$_4$打死老虎。

b. *老虎能$_4$被武松打死。

（五）疑问代词

认识情态助动词带包含疑问代词的主谓结构补足语，补足语子句只能解读为陈述句，不可以解读为直接问句。

（22）a. 可能小明买了什么。

b. *可能小明买了什么？

蔡维天（2010）认为认识情态助动词带句子层次的隐性存在操作词（implicit existential operator），这个操作词经由约束关系赋予子句疑问代词存在的语义内涵。但子句主语提升到认识情态助动词之前，补足语子句既可以解读为陈述句，也可以解读为直接问句。

(23) a. 小明可能买了什么。

b. 小明可能买了什么？

因此，如果认识情态助动词是位于 TP 之上的功能词，可以在 TP 层引出存在操作词，这可以解释例（23a）和例（23b）中疑问词的存在解读，但并不能解释例（23b）中疑问代词的疑问解读。一种可能的解释是：认识情态助动词和动词“想知道”类似，允许语义选择一个命题子句，能赋予子句疑问代词存在的语义内涵，整个句子被解读为陈述句，不能被解读为直接问句。认识情态助动词的子句主语提升到句子的左边界后，句子结构发生了简化，认识情态助动词正逐步演化为功能词，失去了其语义选择的能力，子句疑问代词受主句约束，既可以被解读为无定名词短语，也可以被解读为疑问短语，取决于说话者的观点。

表示对将来事件推测的“会”语义选择一个非现实事件子句，不能赋予子句疑问代词存在的语义内涵，因此句子不能解读为陈述句，只能解读为直接问句。

(24) a. * 小明会买什么。

b. 小明会买什么？[1]

吕叔湘（2006：485）指出的“什么”在是非问句、否定句和肯定句中可以指示不肯定的事物或人。依此，例（24）中无定的疑问代词通过其他句法手段获得允准，如在疑问代词前添加限定词“点”、根情态助动词和其他真谓宾

[1] 在句子“我想知道小明会买什么。”中，“什么”只能获得无定名词解读，但子句中“什么”只能解读为疑问词，“为什么？”“没有人会买什么。”中“什么”“为什么”只能诠释为无定名词。

动词的否定形式、是非问句等。

（25）a. 小明会买点什么。

b. 小明不会买什么。

c. 小明会买什么吗？

例（25a）中，肯定句中对无定疑问代词的允准与“点”相关。蔡维天（2010）认为“点”属于存在量化约束的限定词，能引出一个存在量化算子，指派“什么”无定指特征。但“点”不是限定词，而是量词（quantifier），因为“点”的前面可以补充数词“一”，回答时，“点”还可以被指示词“这、那”修饰，如“这一点东西”。我们假设量词“点”为量化短语（Quantifier Phrase，QP）的中心词，在 nP 的左边界引出存在量化算子，约束其辖域内的“什么”。该句还能解读为直接问句，这意味着受存在量化约束的“什么”还可以在 LF 层提升到 CP 的指示语位置，获得疑问解读，如例（26）所示。

（26）

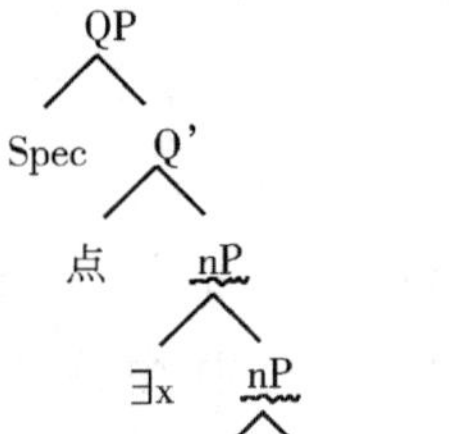

例（25b）中无定疑问代词的允准则与否定相关。陈振宇（2010：57）指出疑问表达式被否定词约束时就成了非疑

问标记词，如果不受否定词约束，句子为直接问句。依此，句子是否具有疑问与否定词作用的范围相关。根据陈莉等（2013）研究，否定词以 TP 为补足语，成分统治 TP 及动词短语 VP。否定词选择的否定焦点可以是 TP 内的任何句法成分，疑问代词在其成分统治的辖域之内。否定词选择疑问代词为否定焦点，则疑问代词被存在操作词约束，假设否定词引导存在量化算子，疑问代词被存在约束，获得无定名词解读。疑问代词还可以在 LF 层提升到 CP 的指示语位置，被诠释为疑问词，如例（27）所示。

（27）

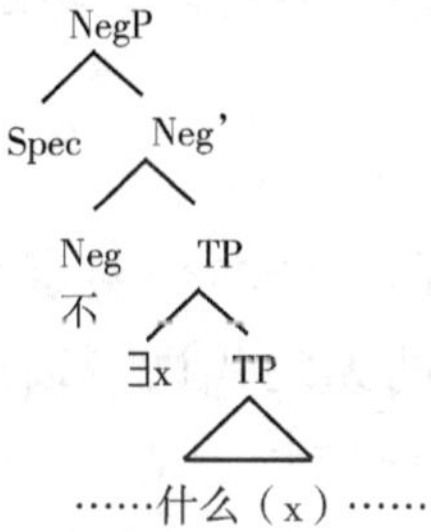

例（25c）中无定疑问代词的允准与疑问相关，且只能解读为无定代词。可能的解释是：疑问标句词“吗”能引导出存在操作词，给子句疑问代词指派无定指称特征。并且，主句的疑问标句词被“吗”占据，阻碍了疑问代词移位到 CP 的指示语位置，因此句子只能诠释为一般问句，而不能对“什么”提问，如例（28）所示。

（28）

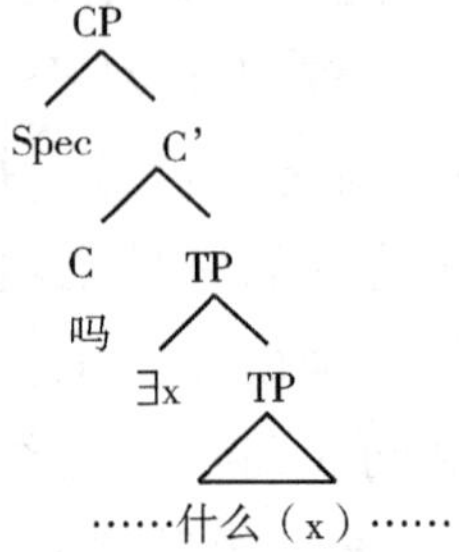

根情态助动词带包含疑问代词的非主谓结构补足语，补足语子句只能解读为直接问句，不能解读为陈述句。

（29）a. * 小明肯说什么。

b. 小明肯说什么？

这是因为这些动词语义选择一个非现实事件子句，句子只能解读为直接问句。但子句的无定代词可以通过其他方式获得允准，如在疑问代词前加限定词“点”、根情态助动词和其他真谓宾动词的否定形式以及是非问句等。

（30）a. 小明肯说点什么。

b. 小明不肯说什么。

c. 没有人肯说什么。

d. 小明肯说什么吗？

情态助动词的句法特征在论元结构和疑问句上表现如下：带主谓结构的认识情态助动词为一元谓词，带主谓结构的动力情态助动词和带非主谓结构的情态助动词属于二元谓词。疑问句中，“什么”在带主谓结构的情态助动词句中只能解读为无定名词；“什么”在带非主谓结构的情态助动词句中只能解读为疑问代词，但限定词“点”、否定形式以及是非问句疑问词可以引导出一个存在量化算子，约束疑问代词，所以“什么”可以被诠释为无定名词短语。

综上所述，现代汉语情态系统区分提升与控制，其中提升情态助动词包括认识情态助动词“能$_1$、可能、会$_1$、应该$_1$、要$_1$”；控制情态助动词包括动力情态助动词和道义情态助动词“敢、肯、要$_2$、要$_3$、能$_2$、能$_3$、能$_4$、可以$_1$、可以$_2$、可以$_3$、会$_2$、应该$_2$”。提升情态助动词与控制情态助动词存在系统的句法特征差异：提升情态助动词为一元谓词，包含一个命题子句论元，其主语位置可以是真空位置，不需补出形式主语；允准子句主语提升为主句的主语，不限制提升主语的语义内涵，允准任何与子句动词语义兼容的主语；其补足语子句的被动化与主动结构的意义相近。控制情态助动词为二元谓词，包含一个事件论元和一个非典型施事；控制情态助动词语义限制主语的语义内涵，要求主语具有感知性和意志性；可以用“没、没有”否定；其子句主语为空主语PRO，语义指向主句主语；其补足语子句被动化与主动结构意义不同，有些子句甚至不能被动化。

五、汉语提升与控制结构的主题提升

曹逢甫（1996）探讨了汉语主题提升律，指出汉语认识情态助动词如“可能”“应该”“会”以及分裂句的“是”

"好像""看起来"皆为提升动词，允许子句名词短语提升为主题。子句的名词短语由底层结构位置提升到子句 IP 的指示语位置，此名词短语即为主题化；子句主题化的名词短语可以再提升到主句 CP 的指示语位置，形成句子的主题。前者称为子句主题，后者为句子主题。无论在子句或句子层次，主题可以有一个以上。汉语多主题结构中，大主题出现于子句或句子之首，其语义领域大于次主题，次主题则是在同一子句或句子内紧接着大主题；一个主题的语义领域大于它所成分统治的任何一个主题。如例（31）所示。

（31）a. 可能他已经买了那本书。

b. 他可能已经买了那本书。

c. 可能他那本书已经买了。

d. 他可能那本书已经买了。

e. 他那本书可能已经买了。

f. 可能那本书他已经买了。

g. 那本书可能他已经买了。

h. 那本书他可能已经买了。

上述分析有如下几点值得进一步思考。

第一，认识情态助动词中，除"可能、应该$_1$"外，本书分析的其他认识情态助动词以及道义情态提升动词均不适用于主题提升律，以"会$_1$"为例，如例（32）。

（32）a. *会$_1$他买那本书。

b. 他会$_1$买那本书。

c. *会$_1$他那本书买。

d. *他会$_1$那本书买。

e. 他那本书会$_1$买。

f. *会$_1$那本书他买。

g. *那本书会$_1$他买。

h. 那本书他会$_1$买。

补足语子句主语强制移位到主句主语位置，否则不合法，如例（32a）；子句宾语“那本书”提升为子句的主题不合法，如例（32c，d，f）；例（32g）中，“那本书”提升到主句，但子句主语“他”没移位，句子仍不合法。

而且，道义情态助动词“应该$_2$”允准主谓结构补足语，但不完全适用于主题提升律，如例（33）：

（33）a. 应该$_2$他买那本书。

b. 他应该$_2$买那本书。

c. *应该$_2$他那本书买。

d. *他应该$_2$那本书买。

e. 他那本书应该$_2$买。

f. *应该$_2$那本书他买。

g. 那本书应该$_2$他买。

h. 那本书他应该$_2$买。

道义情态助动词补足语子句主语不需强制移位到主语位置，如例（33a，g）；子句宾语“那本书”提升为子句的主题不合法，如例（33c，d，f）；但“那本书”提升为主句主题均合法。

控制情态助动词补足语子句的宾语不能提升为子句的主题，但能提升为主句的主题，如例（34）。

（34）a. 他能$_4$买那本书。

b. *他能$_4$那本书买。

c. 他那本书能$_4$买。

d. 那本书他能$_4$买。

第二，曹逢甫（1996）将提升结构中动词前的名词短语都分析为主题，却未具体解释其提升机制以及主题堆积的问题。汉语存在主题功能短语 TopP（Topic Phrase），其中心语具有强特征［+Def］（Definite Feature），子句主语提升不同于英语的格驱动，是强主题特征核查的结果，且提升的主语具有句法歧义。提升结构子句与主句的名词短语都可以提升为句子的主题（阎勇，2009）。提升与控制结构子句与主句的名词短语都可以提升为句子的主题。根据典型主语假设，提升主题体现为施事或客体与主句话题的重合。[1] 例（33b）中，“他”为非典型的主句主语，是子句施事与主题的重合。例（33e）和例（33h）中，“他”和“那本书”都属于非典型主句主语，前者是子句施事与主题的重合，后者是子句受事与主题的重合。两句的差异在于：例（33e）中“他”作为主语的典型性强于“那本书”作为主语的典型性，因此，当“那本书”作为主题提升到主题“我”之前，“我”受典型主语特征驱动，可以再一次移到“那本书”之前。典型主语假设下的主题提升也能解释子句主题堆积现象，却不能解释子句宾语主题化的限制原因，如例（33c，f）。

---

[1] 沈家煊（2004：241）指出，典型的主语是施事和主题的交集，主语、施事和主题这些句法语义语用范畴都是典型范畴，其成员有强弱主次之分。假设典型主语与非典型主语存在强弱之分，主语受典型主语特征驱动移位，典型与非典型主语的强弱依次为：［主句施事+主句主题］>［主句客体+主句主题］>［子句施事+主句主题］>［子句客体+主句主题］>［主句施事］>［子句施事+子句主题］>［子句客体+子句主题］>［子句施事］。

第三，主题提升受补足语子句的句法语义限制。现代汉语中存在一部分动词不允许宾语脱离动词而悬空，其宾语不能移到句首充当句子的主题（沈家煊，2004：225）。提升情态助动词与这些动词搭配，其子句的名词短语也不能提升为句子的主题，如例（35）。

（35）a. 他可能抢了小王一百元钱。

b. *一百元钱$_i$他可能抢了小王 t_i。

另外，提升情态助动词和控制情态助动词的补足语子句都可以提升为句子的主题，不同的是提升情态助动词的补足语子句包含显性主语，而控制情态助动词的补足语子句含有空主语 PRO，如例（36）。

（36）a.[我去香港]可能。

b.[PRO 分一半苹果给他]我不肯。

而且，控制情态助动词的补足语子句一般是有标记句式，如例（37）。

（37）a. 红娘子笑着说："在这班姑娘面前，做姐姐我不推辞，做教师我可不敢。"

b. 分多大的给他我都愿意。

c. 我看你一点胆量也没有，杀一只羊都不能够。

例（37a，c）都是"否定+情态助动词"，例（37b）则带有感叹意义。

综上所述，汉语为主题突出型语言，存在各类主题功能投射。提升与控制情态助动词子句与主句的名词短语都可提升至主句 TopP 的指示语位置，形成句子的主题。提升结构的主语既可以是施事与主题的重合，也可以是受事与主题的重合，表现为典型或非典型主语。主题提升受限制于子句的句法语义特征，宾语不能悬空的动词不允准提升宾语为句子的主题。

六、结　语

本章从论元结构、主语语义限制、否定结构、子句的被动化和疑问代词五个方面探讨了现代汉语情态助动词的句法语义特征差异，并依此区分提升情态助动词与控制情态助动词。情态助动词的提升与控制分析有助于我们厘清不同情态助动词以及多义情态助动词的句法特征差异，探索汉语的提升与控制结构。提升与控制情态助动词子句与主句的名词短语都可提升至主句 TopP 的指示语位置，核查其主题特征，形成句子的主题；主题提升受限制于子句动词的句法语义特征。依此，本章解释了情态助动词结构的主题提升现象。当然，提升与控制情态助动词仍有一些相关的话题值得进一步研究，如提升与控制情态助动词的连用顺序、子句的定式与非定式等。这些问题将在后续研究中继续探讨。

第五章

汉语情态动词结构的强制与非强制提升*

* 本章内容已经发表在《澳门语言学刊》2020 年第 1 期。

一、引　言

情态动词，也叫助动词或能愿动词，是“辅助性的动词”（吕叔湘，1979：41），从语义上主要分为两大类：命题情态动词和事件情态动词，其中，命题情态定义为说话者对命题的真值或事实状态的判断，而事件情态定义为说话者对未实现的或未发生的潜在事件的态度。根据帕尔默（Palmer，2001：8）研究，命题情态动词包括认识型和证据型两大类。其中，认识型情态动词主要包括推测、推断和假设，如“可能、应该、会、要”等。证据型情态动词主要包括报道型和感知型，如“看起来、听上去”等。从论元结构看，命题情态动词为单元述词，以命题子句为补足语（黄正德，1988；曹逢甫，2005［1990］；Lin & Tang，1995；Lin，2011；等等），如例（1）、例（2）。

（1）a. 可能这本书涨价了。

b. 这本书可能涨价了。

c. 这本书涨价了可能。

（2）a. * 会张三去北京。

b. 张三会去北京。

c. * 张三去北京会。

例（1）和例（2）中的“可能、会”都是表推测的命题情态动词，但“可能”的句法位置比较灵活，可以出现在句首、句中和句尾，而“会”的句法位置严格受限，一般不出现在句首或句尾。对于这类动词的相关现象，许多学者都有研究，如吕叔湘（1979）、黄正德（1988）、曹逢甫（1990、1996）、林若望和汤志真（Lin & Tang，1995）、林若望（Lin，2010）、林宗宏（Lin，2011）、胡波（2015）、高亮（2017）、王莹莹和潘海华（2019）等。吕叔湘（1979：109~110）从转换生成语法的视角将这类动词分析为高一级的谓词，其底层结构为“命题子句+会”，经过转换，“会”提升到主语之后。吕叔湘是较早结合生成语法理论思考汉语语法现象的学者之一，但由于该观点是用尾注的形式提出，因此并未引起国内研究者的重视。海外学者黄正德（1988）从主语提升的视角分析了该类情态动词的句法特征，指出例（1a）和例（2a）为底层结构，例（1b）和例（2b）都是补足语子句主语提升的结果。相比吕叔湘的分析，主语提升解释更符合汉语话题突出型语言的特征。[1] 但黄正德并未分析主语提升的机制，也没有具体探讨“会”的强制提升问题。曹逢甫（2005［1990］：291）认为，主语强制提升是“会”的语法化演变的结果，即语法化后的“会”保留了对有生主语的要求。但该假设不能解释无生命主语强制提升现象，如例（3）。

（3）a. *会这本书涨价。

b. 这本书会涨价。

林宗宏（Lin，2011）在最简方案框架下分析了情态动

[1] 关于汉语是话题突出型语言的观点，参见李纳和汤普森（Li & Thompson，1981）、曹逢甫（2005）等。

词主语提升的机制，指出主语强制提升是 EPP 特征驱动与特征核查共同作用的结果。强制提升结构的生成过程中，词库不选择空主语 PRO，主句功能中心 T 的 EPP 特征驱动子句主语提升，句子合法。❶

（4）a. 词库[会、这、本、书、涨、价]

b. [$_{TP}$这本书$_i$ T_F会[$_{TP}$$t_i$$T_F$涨价]]。

非强制提升结构的生成过程中，如果词库选择空主语 PRO，则子句主语不提升，如例（5）。但如果词库不选择空主语 PRO，子句主语提升，如例（6）。

（5）a. 词库[PRO、可能、这、本、书、涨、价、了]

b. [$_{TP}$PRO T_F可能[$_{TP}$这本书 T_F涨价了]]。

（6）a. 词库[可能、这、本、书、涨、价、了]

b. [$_{TP}$这本书$_i$ T_F可能[$_{TP}$$t_i$$T_F$涨价了]]。

林宗宏运用形式化的手段分析了情态动词现象背后的句法机制，将汉语语法研究与当前形式句法理论有机结合，开拓了情态动词研究的新领域。但他将两类提升现象的差异归因于词库中空主语选择的不同，属于规约性的操作。此外，林宗宏还分析了两类情态动词命题子句的不同性质，但他仍按照相同的机制来解释不同的子句主语提升现象，忽略了子句性质的差异与名词性成分移位的限制，如例（7）、例（8）。

（7）a. ＊会小明买这本书。

❶ 林宗宏指出，虽然汉语提升结构的子句为定式子句，但由于汉语没有 φ 特征核查，因此主语的提升不会受到阻碍，不同于英语提升结构的子句主语提升现象。

b. 小明会买这本书。

c. *这本书会小明买。

d. 这本书小明会买。

e. *小明会这本书买。

f. *会这本书小明买。

（8）a. 可能小明已经买了这本书。

b. 小明可能已经买了这本书。

c. 这本书可能小明已经买了。

d. 这本书小明可能已经买了。

e. 小明可能这本书已经买了。

f. 可能这本书小明已经买了。

例（7）中“会”带非定式子句，例（8）中“可能”带定式子句，两者在子句名词性成分移位上存在较大的差异。

由此可见，汉语命题情态动词的提升现象仍值得进一步探讨。命题情态动词为何强制子句主语提升？什么情况下子句主语可以不提升？强制提升与非强制提升有何差异？本章将结合特征核查、论元移位和非论元移位等尝试回答这三个问题，探讨汉语情态动词的提升现象。本章论证将遵守以下几个重要假设：

1）特征一致核查总是发生在两个相同类型的特征之间。

2）名词性成分具有可诠释的 F 特征（人称、性、数）和未赋值的格特征，功能中心 T 具有不可诠释的未赋值的 Φ 特征，两者合并既可以给 T 的 Φ 特征赋值，又可以核查名词性成分的格位。

3）定式功能中心 T 具有完全的 φ 特征（表现为［T^{+}，

Φ^{+}]，其中 T 为时态特征），可以核查名词性成分的格位；非定式功能中心 T 不具有完全的 φ 特征（表现为［T^{+}，Φ^{-}］，或［T^{-}，Φ^{+}］，或［T^{-}，Φ^{-}］），不能核查名词性成分的格位。❶

4）在进入 LF 层时，所有的不可诠释特征必须通过一致核查删除，否则句子不合法。

5）可诠释特征可以多次核查，但名词性成分获得格位会阻碍移位。❷

6）移位的最简性（Minimality）要求论元移位遵循移位的最短距离原则，即 X_1 与 X_3 的移位操作不能跨越一个与 X_3 类似的 X_2。❸

依此，汉语命题情态动词主语提升是特征核查的结果。基于林宗宏（Lin，2011）的研究，可以假设强制提升结构中，情态动词带非定式子句补足语，子句 T 不具有完全的 φ 特征，不能通过特征一致核查子句主语的格位，因此子句主语通过与主句 T 的一致核查获得主格，提升到主句主语位

❶ 关于功能中心 T 的完全与非完全 ϕ 特征，读者可以参看博埃克斯等（Boeckx，et al.，2010）。

❷ 霍恩斯坦等（Hornstein，et al.，2005：280）指出，名词性成分的可诠释特征可以与功能中心 T 多次核查。如：

(1) Porguguese

a. As alunas parecem ter sido contratadas

the. FEM. PL student. FEM. PL seem. 3. PL have been hired. FEM. PL

'the (female) students seem to have been hired.'

b. $[_{TP}$ [as alunas$]_i$ $[_{T'}$ -m$_{[3.PL]}$ $[_{VP}$ parece-$[_{TP}$ t_i $[_{T'}$ ter $[_{VP}$ sido $[_{TP}$ t_i-das$_{[FEM.PL]}$ $[_{VP}$ contrata-t_i]]]]]]]]

例（1）中名词短语 As alunas 分别与主句和子句的功能核心 T 核查，表现为动词的复数特征。

❸ 关于移位最简性的论述，请参看霍恩斯坦（Hornstein，2009：35）。

置。非强制提升结构中，情态动词带定式子句补足语，子句T具有完全的φ特征，与子句主语在子句通过一致核查其Φ特征并赋予子句主语格位。主句T与空形式主语pro合并，核查其Φ特征，句子成功收敛。

子句主语的强制提升属于论元移位，遵循移位的最简性，因此，子句宾语不能先于子句主语移位到主句的主语位置，但可以在子句主语移位之后提升到句子的左边界充当话题。而非强制提升结构中，子句名词性成分可以先于子句主语移位到句子的左边界，属于非论元移位，不遵循移位的最简性。两类提升结构的差异还表现在：非定式TP子句不允准子句名词性成分的话题化，但定式CP子句可以。下面将从三个部分展开讨论：第一部分将主要探讨认识情态动词的提升现象；第二部分将重点分析证据型情态动词的提升现象；第三部分拓展分析其他提升动词的句法特征。

二、认识情态动词的提升现象

（一）主语的强制与非强制提升

汉语认识情态动词选择一个命题子句为补足语，其指示语为非题元位置。不同的认识情态动词选择不同类型的命题子句，表现出不同的提升属性，即子句主语强制或非强制提升到情态动词之前，分别定义为强制提升结构与非强制提升结构。认识情态动词“会”属于强制提升动词，子句主语必须提升到情态动词之前，如例（9）。

（9）a. *［会［这本书涨价］］。

b.［这本书$_i$会［t_i涨价］］。

根据林宗宏（Lin，2011），“会”带非定式 TP 补足语，表现在其语义辖域低于句末时体助词“了”。

（10）a.［这本书$_i$会［TP t_i涨价］了］。了>会

b. *［这本书$_i$会［TP t_i涨价了］］。*会>了

“会”的非定式子句 T 具有不完全的 ϕ 特征，不能通过特征核查赋予子句主语“这本书”格位，因此，例（9a）子句主语的格特征未核查，句子不合法。而以“会”为主要谓词的主句 T 具有完全的 ϕ 特征，T 的不可诠释 Φ 特征没有外部论元合并来核查，只能搜索最近的名词性成分以核查其 Φ 特征。子句主语格特征未赋值，属于活跃的句法成分，提升到 TP 的指示语位置通过一致核查获得格位，主句 T 的 Φ 特征得到满足，所以例（9b）合法。强制提升结构的派生过程如例（11）所示。

（11）a.［$_{TP}$ $T_{[\Phi:u][EPP]}$［$_{vP}$这本书$_{[case:u]}$涨价］］。

b.［$_{TP}$这本书$_{[case:u]}$ $T_{[\Phi:Deficiency]}$［$_{vP}$ t 涨价］］］。

c.［$_{TP}$ $T_{[\Phi:u][EPP]}$［$_{vP}$会［$_{TP}$这本书$_{[case:u]}$ $T_{[\Phi:Deficiency]}$［$_{vP}$ t 涨价］］］］。

d.［$_{CP}$ C［$_{TP}$这本书$_{[case:NOM]}$ $T_{[\Phi]}$［$_{vP}$会［$_{TP}$ t $T_{[\Phi:Deficiency]}$［$_{vP}$ t 涨价］］］］］］。

（说明：$T_{[\Phi:u]}$表示特征未赋值的 T，$T_{[\Phi:Deficiency]}$表示 Φ 特征有缺陷的 T，$T_{[\Phi]}$表示 Φ 特征无缺陷的 T，“这本书$_{[case:u]}$”表示格位未赋值的名词短语，“这本书$_{[case:NOM]}$”表示格位已赋值为主格的名词短语。）

认识情态动词“要”的语义辖域低于句末时体助词“了”，其补足语也属于非定式TP子句，子句主语强制提升到主句的主语位置，否则句子不合法。

（12）a. *要我们开会了。

b. 我们要开会了。

与“会、要”不同，认识情态动词“可能、应该”属于非强制提升动词，选择定式CP子句作补足语，语义辖域高于句末时体助词“了”，如例（13）。

（13）a.[……可能[CP[TP这本书涨价了]]]。可能>了

b.[……应该[CP[TP他已经知道了这件事]]]。应该>了

定式子句功能中心T具有完全的φ特征，可以通过特征核查赋予子句主语格位。子句主语获得格位，不再是活跃的句法成分，不能提升并核查主句T的Φ特征。因此，主句T只能与空形式主语pro合并，通过一致核查其Φ特征，即缺省的Φ特征$T_{[\Phi:Default]}$，句子成功收敛。非强制提升结构的派生如例（14）所示。

（14）a.$[_{TP}\ T_{[\Phi:u][EPP]}\ [_{vP}$这本书$_{[case:u]}$涨价了]]。

b.$[_{TP}$这本书$_{[case:NOM]}\ T_{[\Phi]}\ [_{vP}$ t 涨价了]]。

c.$[_{TP}\ T_{[\Phi:u][EPP]}\ [_{vP}$可能$[_{TP}$这本书$_{[case:NOM]}\ T_{[\Phi]}\ [_{vP}$ t 涨价了]]]]。

d.$[_{CP}\ C\ [_{TP}\ pro\ T_{[\Phi:Default]}\ [_{vP}$可能$[_{TP}$这本书$_{[case:NOM]}\ T_{[\Phi]}\ [_{vP}$ t 涨价了]]]]]]。

汉语主句T缺省的Φ特征没有形态标记，但巴西葡萄牙语、罗马尼亚语等语言中缺省的Φ特征一般表现为第三人称单数。

（15）a. 巴西葡萄牙语

Parece que os estudants viajaram mais cedo.

Seem. 3SG that the students traveled. 3PL more early

‘ it seems that the students traveled earlier. ’

（Boeckx, et al. , 2010:71）

b. 罗马尼亚语

Se poate ca bombele să explodeze în orice moment.

REFL can. PRES. 3SG that the-bombs SUBJ explode in any moment

‘ it is possible that the bombs will go off any minute. ’

（Boeckx, et al. , 2010:77）

上述研究表明，认识情态动词带非定式或定式子句补足语，强制或不强制子句主语提升到主句主语位置。但进一步观察可以发现，非强制提升结构也允准子句主语提升到情态动词之前。下面将进一步讨论认识情态动词子句名词短语移位的限制。

（二）名词性成分移位与最简性

提升情态动词“会、要”强制子句主语提升，属于论元移位，遵循移位的最简性原则。强制提升结构中，“会、要”的子句宾语不能越过子句主语移位到句子的左边界。

（16）a. *这件事$_i$会张三$_j$了解 t_i。

b. 张三$_i$会 t_i了解这件事$_j$。

例（16a）中，子句宾语“这件事”移位到“会”之前，跨越了另一个名词性成分“张三”，违背了移位的最简性，句子不合法。例（16b）中，子句主语“张三”移位到“会”之前，遵循移位的最简性，句子合法。

“会、要”的命题子句为非定式 TP 子句，因此，子句宾语不能话题化，如例（17a）。但子句宾语可以投射为主句的话题，如例（17b）。子句主语也可以提升为话题，如例（17c）。

（17）a. *[张三$_i$[会这件事$_j$[t_i了解 t_j]]]。

b.[这件事$_i$[张三$_j$[会 t_j了解 t_i]]]。

c.[张三$_j$[这件事$_i$$t_j$[会 t_j了解 t_i]]]。

提升情态动词“可能、应该”不强制子句主语提升，但子句主语可以提升到句子的左边界，如例（18a）。子句宾语也可以越过子句主语移位到句子的左边界，如例（18b）。

（18）a. 张三$_i$可能 t_i已经了解了这件事$_j$。

b. 这件事$_i$可能张三$_j$已经了解了 t_i。

例（18b）中子句宾语“这件事”跨越子句主语“张三”移位到“可能”之前，违背了移位的最简性，但句子合法。这是因为“可能、应该”的命题子句为定式 CP 子句，子句名词性成分可以话题化，不遵守移位的最简性，如例（19）。子句的话题可以再提升为句子的话题，如例（20）。[1]

（19）a.[可能[这件事$_i$[张三$_j$了解了 t_i]]]。

b.[可能[张三$_i$[t_i了解了这件事$_j$]]]。

c.[可能[张三$_i$这件事$_j$[t_i了解了 t_j]]]。

（20）a.[这件事$_i$[可能[张三$_j$了解了 t_i]]]。

b.[张三$_i$[可能[t_i了解了这件事$_j$]]]。

c.[张三$_i$[可能[这件事$_j$[t_i了解了 t_j]]]]。

---

[1] 关于话题化和话题提升的差异，感兴趣的读者可以参考曹逢甫（1996）。

e.[张三$_i$这件事$_j$[可能[t_i了解了t_j]]]。

f.[这件事$_j$张三$_i$[可能[t_i了解了t_j]]]。

由上可见，认识情态动词的子句主语强制或非强制提升属于不同的语法机制，前者为论元移位，后者为非论元移位。强制提升动词“会、要”带非定式TP子句，不允准子句宾语的话题化；子句名词性成分通过特征核查并获得格位，提升到主句TP的指示语位置，遵循移位的最简性原则。非强制提升动词“可能、应该”带定式CP子句，子句名词性成分的话题化和话题提升不遵循移位的最简性原则。

（三）动词短语提升

上一节指出，非强制提升情态动词子句的主语可以提升到主句的左边界，做句子的话题，如例（21a）；强制提升情态动词子句的主语提升到主句的主语位置，如例（21b）。

（21）a. 张三$_i$可能t_i已经到了建国饭店。

b. 他$_i$绝对不会t_i批评自己的朋友。

非强制提升结构中，子句动词短语的剩余成分移位到句子的左边界，句子不合法。而强制提升结构中，动词短语的剩余成分可以移位到句子的左边界。

（22）a. *[t_i已经到了建国饭店]张三$_i$可能。

b.[t_i批评自己的朋友]他$_i$绝对不会。

英语情态动词之后的动词短语也可以移位到句子的左边界，且动词短语内部的反身代词只能指向子句的主语，如例（23）。乔姆斯基（Chomsky，1991）指出所谓的动词短语提升其实可能是统治VP的功能范畴AgrOP提升，依此，VP内部主语语迹可以受到中心语AgrO的适当管辖。

（23） ［$_{AgrOP}$ AgrO ［t_k Criticize himself$_{*i/k}$］，John$_i$ thought Bill$_k$ never will.］

对比例（22a）与例（22b）以及例（23），前者为子句主语的非论元移位结构，动词短语的剩余成分移位到句子的左边界不合法；后者为子句主语的论元移位结构，动词短语的剩余成分移位到句子的左边界，句子合法。

（四）强制与非强制提升情态动词的差异

上面指出强制提升情态动词带非定式补足语子句，非强制提升情态动词带定式补足语子句，两者在情态动词与句末时体助词“了”的语义辖域、子句名词性成分移位、动词短语移位上表现系统的对立。此外，两类提升情态动词的句法差异还表现在以下三个方面。

1）体副词。非强制提升结构允准子句带具有体特征的副词“已经、正（在）”，而强制提升结构一般不允准，但“会”在一些特殊句式中可以允准体副词。[1]

（24） a. 这本书可能已经涨价了。

b. 他可能正在看书。

---

[1] “会”在一定环境下可以允准体副词和体助词“了”，如例（1）。

（1） a. 你不会已经嫁人了吧？

b. 这些骑士会不会已经注意到了这座岛上最高的山脉？（CCL 语料库）

例（1a）中“不会”表示对过去已经发生事件的推测，例（1b）中“会不会”也表示的是对过去发生事件的推测。这表明现代汉语情态动词的语法演化中，“会”并未完全演化为非过去事件标志的情态动词，可以通过一些特殊句式中表达对过去事件的推测。其带体副词的肯定句式推测在北京大学 CCL 语料库中仅出现一例，笔者认为这是一种句法残留现象，其可接受度较低。

（2） 就是要去，火车船票也买不到，不会已经走了。（CCL 语料库）

（25） a. 这本书会（＊已经）涨价了。

b. 他会（＊正在）了解这件事。

2）体貌助词。非强制提升结构允准子句动词带词尾体貌助词“了、着、过”，而强制提升结构一般不允准，但子句的复杂度会相对提升强制提升结构中子句动词带体貌助词的可接受度。❶

（26） a. 他可能说了/过这件事。

b. 他可能正说着这件事。

（27） a. 他会说（＊了/＊过）这件事。

b. 他会说（＊着）这件事。

3）情态连用。非强制提升动词之后可以带强制提升动词，而强制提升动词之后不可以带非强制提升动词。

（28） a. 他可能会访问美国。

b. 会议应该要结束了。

（29） a. 这本书会（＊可能）涨价。

b. 他会（＊应该）了解这件事。

强制提升动词“会、要”出现在“可能、应该”之后，表达说话者对现在或将来的事情的肯定推测。一些学者如李艳惠（Li，1990）、蔡维天（2010）、林宗宏（Lin，2012）等将这两个情态动词分析为将来时体助动词。但将它们分析为将来时体助动词不能解释下面这种现象，即“会、要”可用来表

---

❶ 胡建华等（Hu，et al.，2001）在分析汉语是否存在定式与非定式的区分时指出，一些在简单结构中不能允准的定式与非定式区分标准在信息细化的复杂结构中变得可以接受，这一现象也出现在情态动词子句体貌助词的允准上。例如：

（1） a. ＊他会看着书。

b. ？他会自己一个人在校园里看着书。

示说话者对现在所发生事情的肯定推测。

（30）a. 张三会在学校。

b. 他几乎要崩溃了。

认识情态动词的研究表明情态动词子句区分定式与非定式，表现出子句主语的强制或非强制提升。非定式子句不具有完全的 φ 特征，不能核查子句主语的主格，因此子句主语通过与主句定式 T 的 Φ 特征一致核查获得主格，移位到主句的指示语位置，遵循移位的最简性。定式子句具有完全的 φ 特征，能核查子句主语的主格。主句 T 只能与空的形式主语 pro 合并，通过一致核查其 Φ 特征，句子成功收敛。认识情态动词的子句主语强制或非强制提升属于不同的语法机制，前者为论元移位，遵循移位的最简性原则；后者为非论元移位，不遵循移位的最简性原则。强制提升结构不允准具有体特征的副词“已经、正（在）”，不允准词尾体貌助词“了、着、过”，不允准情态连用；而非强制提升结构允准。虽然两者在体副词和体貌助词的允准上存在较为一致的互补分布差异，但句子的复杂度和一些特殊句式会影响到这种互补分布关系。深入的研究表明，不仅汉语认识情态动词属于提升动词，证据型情态动词也属于提升动词，其子句主语非强制提升到主句主语位置。

三、证据型情态动词的提升现象

根据帕尔默（Palmer，1986、2001），证据型情态动词可以分为两类：报道型和感知型。[1] 报道型情态动词可以表示从别处听来的二手或三手信息，也可以表示来自传说的证据，如“据说、听说、据称、据报道，传闻、传说”等；而感知型情态动词常以感官动词加“起来、上去”等复合词缀构成，如“听起来、看上去、摸起来、吃起来、闻上去”等。[2] 证据型情态动词与认识情态动词一样，都以命题子句为补足语，其指示语为非题元位置。[3] 其句法属性与非强制提升动词相似，子句主语可以留在原位。如例（31）、例（32）：

（31）a. 据说他不喜欢这部电影。

b. 传说这些人能飞檐走壁。

（32）a. 看上去他不喜欢这部电影。

---

[1] 张伯江（1997）最早将证据型情态动词概念介绍到国内，并初步分析了汉语三类传信表达，其中从信息的来源形式的传信表达属于本书探讨的情态动词，但张伯江并未区分不同的信息来源，而且把这些词都看成是插入语，并未具体分析这些动词的句法特征。本书将这些词都分析为提升情态动词，并具体分析不同信息来源动词的句法特征。其他两类分别是表示说话人对事实真实性的态度和说话人传达确信的程度，前者多为副词，后者为语气助词。暂不在本书探讨范围之内。

[2] 胡裕树、范晓（1995：114）指出，“动词+起来”可以表示看法、估计，该结构中的“起来”起连接作用，比其他用法词义更虚，往往可以省略。但他们并未具体说明哪些动词具有该用法，且把这类词中的“起来”看成连接词是值得商榷的。本书认为“感官动词+起来”表达说话者对命题子句的观点，属证据型命题情态，“起来”虽然词义虚化，但不可以省略。例如：

（1）这句话听 *（起来）不吉利。

（2）这件事看 *（起来）靠谱。

[3] “听说”的论元结构既可以是命题子句，也可以是施事、客体或施事、命题子句。本书只涉及与提升相关的前一种结构，后一种结构的“听说”可以带体貌助词“了、过”，如“我听说了这件事”，不同于情态动词，本书暂不论述。

b. 听起来他的话有道理。

这类情态动词的子句主语也可以提升到句子的左边界，充当句子的话题，如例（33）。子句宾语可以先于子句主语移位到句子的左边界，如例（34）。但动词短语的剩余部分不能作为话题焦点提升到句子的左边界，如例（35）。

（33）a. 张三据说不喜欢这部电影。

b. 张三看上去不喜欢这部电影。

（34）a. 这部电影据说张三不喜欢。

b. 这部电影看上去张三不喜欢。

（35）a. *[$_{\text{FocP}}$不喜欢这部电影[$_{\text{TopP}}$张三[$_{\text{TP}}$据说]]]。

b. *[$_{\text{FocP}}$不喜欢这部电影[$_{\text{TopP}}$张三[$_{\text{TP}}$看上去]]]。

例（35）不合法因为其违反了话题与焦点的投射次序，而且证据型情态动词不能在句末充当信息焦点，所以即使话题位于话题焦点之前，遵循话题与话题焦点的投射次序，句子仍不合法。

（36）a. *[$_{\text{TopP}}$张三[$_{\text{FocP}}$不喜欢这部电影[$_{\text{TP}}$据说]]]，喜欢那部电视剧不据说。

b. *[$_{\text{TopP}}$张三[$_{\text{FocP}}$不喜欢这部电影[$_{\text{TP}}$看上去]]]，喜欢那部电视剧不看上去。

证据型情态动词带定式子句补足语，在句法特征上与非强制认识情态动词的一致表现在以下几个方面。

1）语义辖域高于句子时体助词“了”。

（37）a. 据说[小明不喜欢这部电影了]。据说>了

b. 看上去[小明不喜欢这部电影了]。看上去>了

2）子句允准具有体特征的副词“正（在）、已经”和体貌助词“了、着、过”。

（38） a. 据说小明已经出国了。

b. 看上去小明正渐入佳境。

（39） a. 据说小明去过喜马拉雅山。

b. 看上去小明相信了他的话。

3）允准子句的名词性成分话题化与话题提升。

（40） a. 据说张三不喜欢这部电影。

b. 据说张三这部电影不喜欢。

c. 据说这部电影张三不喜欢。

d. 这部电影据说张三不喜欢。

e. 张三据说这部电影不喜欢。

f. 这部电影张三据说不喜欢。

g. 张三这部电影据说不喜欢。

（41） a. 看上去张三不喜欢这部电影。

b. 看上去张三这部电影不喜欢。

c. 看上去这部电影张三不喜欢。

d. 这部电影看上去张三不喜欢。

e. 张三看上去这部电影不喜欢。

f. 这部电影张三看上去不喜欢。

g. 张三这部电影看上去不喜欢。

对证据型情态动词的分析表明，这类动词属于非强制提升动词，以定式命题子句为补足语，与认识情态动词“可能、应该”在话题移位、子句体特征副词与体貌助词的允准等方面具有相似的句法特征。

四、时态动词和难易动词

除命题情态动词外，根据曹逢甫（1996），提升动词还包括时态动词如“有、开始、继续、停止”等和难易动词“难、容易”。与证据型提升情态动词不同，时态动词与难易动词以命题子句为补足语，不能位于句首，子句主语需要移位到主句主语位置，属强制提升结构。

（42）a. * 开始他学数学了。

b. 他开始学数学了。

（43）a. * 容易青年人接受新事物。

b. 青年人容易接受新事物。

这两类动词的子句宾语不能先于子句主语提升到主句的指示语位置，充当句子的主语，遵循移位的最简性，如例（44）。但子句主语提升到主句主语位置后，子句宾语可以提升为句子的话题，如例（45）。

（44）a. * 数学，开始他学了。

b. * 新事物，容易青年人接受。

（45）a. 数学，他开始学了。

b. 新事物，青年人容易接受。

这两类动词的补足语为非定式子句，语义辖域低于句末时体助词“了”，如例（46）；不允准子句宾语话题化，如例（47）；动词短语剩余部分可以移位到句子的左边界，如例（48）。

（46） a. 他[开始工作]了。开始<了

b. 这个问题就[容易理解]了。容易<了

（47） a. ＊他开始数学$_i$学了 t_i。

b. ＊青年人容易新事物$_i$接受 t_i。

（48） a. 报名招生，学校已经开始了。

b. 做到这点，我们不容易。

对于动词“有”，笔者赞同黄正德（1988）、曹逢甫（1996）等都将表存在的“有”与表时态的“有”分析为带命题子句的提升动词，但认为两者不属于同一种提升结构，表现出不同的句法特征，应该区别对待。[1] 试比较：

---

❶ 强制提升动词的“有”之后同样可以出现“过”，如例（1）：

（1）张三直到现在都没有了解过这件事。

例（1）中表时态的“有”为强制提升动词，其子句允准体貌助词“过”，而与之对立的表存在的非强制提升动词“有”也允准体貌助词“过”。如例（2）：

（2）有一个人了解过这件事。

由上可知，我们不能通过体助词“过”区分两种“有”字句的句法属性。但根据提升动词与句末体助词“了”的语义辖域关系，表存在的“有”和表时态的“有”的子句分别属于非定式和定式子句，如例（3）所示：

（3） a.［有［一个人看完这本书了］］。

b. 张三［［没有抽烟］了］。

例（3a）中，表存在的“有”的语义辖域高于句末体助词“了”，子句为定式子句；例（3b）中表时态的“有”的语义辖域低于句末体助词“了”，子句为非定式子句。两者在体貌助词“了、着”的允准上表现出对立，如例（4）、例（5）：

（4） a. 有一个人看完了这本书了。

b. ＊张三没有抽了烟。

（5） a. 有一个人正看着这本书。

b. ＊张三没有正抽着烟。

（49） a. ＊没有张三看见李四。

b. 张三没有看见李四。

c. ＊李四没有张三看见。

d. 李四张三没有看见。

（50） a. 有一个人看见李四了。

b. ＊一个人有看见李四了。

c. 李四有一个人看见了。

d. ＊李四一个人有看见了。

表时态的“有”属于强制提升动词，不能出现在句首，强制子句名词性成分移位，如例（49a、b）。子句名词性成分移位遵循移位的最简性，不能先于子句主语移位到主句主语位置，如例（49c）。但子句宾语可以移位到主语之前，充当句子的话题，如例（49d）。与表时态的“有”不同，表存在的“有”属于非强制提升动词，可以出现在句首，如例（50a）。但其后的无定名词不能移位到句子的左边界，充当话题，如例（50b、d）。子句宾语可以越过无定名词短语移位到句子的左边界，充当话题，如例（50c）。

五、结　语

上述研究表明，汉语情态动词允准子句主语的强制或非强制提升，表现出不同的句法属性。除情态动词外，时态动词和难易动词也属于强制提升动词。当然，提升结构仍有一些现象需要进一步研究，如证据型情态动词与认识情态动词“可能、应该”都属于非强制提升动词，但为什么前者不能出现在句末？

(51) a. *[$_{TopP}$他喜欢小丽[$_{TP}$据说]]。

b.[$_{TopP}$他喜欢小丽[$_{TP}$不可能]]。

笔者认为可能的解释是话题焦点句的句法限制。根据刘丹青、徐烈炯（1998）的话题焦点研究，话题焦点句不仅要求话题构成对比，其述题也要构成对比。例（51）分布上差异的主要原因在于“可能”可以构成对比焦点，即“可能”与“不可能”，但“据说”不能构成对比焦点，即不存在“不据说”的用法，所以这些动词与话题焦点句不相容。因此，不存在对比结构的“据说、看上去、听起来”等都不能出现在句末构成对比焦点。强制提升动词允准动词短语提升为话题焦点，其话题焦点句同样要求述题构成对比，如例（52）、例（53）：

(52) a. 采取这个决策他会，采取那个决策他不会。

b. *采取这个决策他会，采取那个决策他会。

(53) a. 你说有容易，说无不容易。

b. *你说有容易，说无容易。

此外，“会、要”一般不出现在句首，但在“会”与其后子句之间插入焦点标记“连……也/是”，句子则合法。

(54) a. 会连小明也参加这次会议吗？

b. 会是他去上海吗？

虽然“会”的肯定句式中高度限制其补足语子句的体副词和体貌助词，但其否定问句和 A-not-A 问句可以允准这些词。

（55） a. 你不会已经嫁人了吧？

b. 这些骑士会不会已经注意到了这座岛上最高的山脉？

（转引自北京大学 CCL 语料库）

第六章

情态助动词句法特征的跨语言比较

一、引　言

情态助动词主要分为认识、道义和动力三大类，其句法属性一直具有较大的争议。普拉姆和威尔森（Pullum & Wilson，1977）、沃姆布兰德（Warmbrand，1999）、艾德（Eide，2002）等认为情态助动词都应该分析为提升动词；而布伦南（Brennan，1993）、特拉尼森和维克纳（Thráinsson & Vikner，1995）、勒德鲁普（Lødrup，1996）等则认为，情态助动词区分为提升与控制。这些研究中，所有学者都赞同认识情态助动词属于提升动词，但对道义和动力情态助动词的句法属性观点不一。普拉姆和威尔森（Pullum & Wilson，1977）指出，助动词应该分析为动词，在句法投射上不需要单独设立 Aux 节点，这不仅在经验事实上具有更大的解释力，而且具有理论上的优越性。他们同时指出句法上不及物的情态助动词也可以具有根情态意义。

（1） a. There may be beer and cider at the party，but I refuse to permit spirits in the house.

b. There must be no punching below the belt，and no throttling.

例（1）中的根情态动词为道义情态，带形式主语 there，句法上分析为不及物动词。普拉姆和威尔森也指出情态助动词 dare 和表意愿的 will 属于及物动词，但其用法也可以转变为不及物动词，这属于形义错配现象。

（2） a. These two aspects of death cannot be successfully separated, but they dare not be confused or identified.

b. Inflation is a problem which dare not be neglected.

沃姆布兰德（Wurmbrand, 1999）进一步从主语的语义限制和格特征、被动化等分析了情态助动词，认为认识情态助动词与根情态助动词之间的差异对应于提升与控制两者结构的观点不成立，情态助动词应该属于提升动词。沃姆布兰德认为在冰岛语中，如果主句控制动词不是Q格赋予动词，则主语为主格；如果提升动词的子句不是Q格赋予动词，主语为主格。但情态助动词句中，主语的格位只与情态助动词之后的动词相关，情态助动词的语义类型不影响主语的格位。

（3） a. Haraldi/ * Haraldur verður að lika hamborgarar.

Harold-DAT * Harold-NOM must to like hamburgers

'Harold must like hamburgers (in order to be accepted by his new American in-Laws).'

b. Umsækjandann verður að vanta peninga.

The-applicant-ACC must to lack money

'The applicant must lack money (in order to apply for this grant).'

（冰岛语）

但特拉尼森和维克纳（Thráinsson & Vikner, 1995）指出动力情态助动词并不能与非宾格动词搭配，因此Q格的指派只能部分说明道义情态助动词的句法属性。

（4） a. * Haraldur vill vanta ekki peninga.

Harold-NOM want lack not money

'intended meaning: Harold wants not to lack money.'

b. Haraldur ætlar að líka vel í Stuttgart.

Harold-NOM intends to like well in Stuttgart

'Intended meaning: Harold wants to like it in Stuttgart.'

此外，沃姆布兰德（Wurmbrand，1959）认为，英语控制动词不同于提升动词和认识情态助动词，子句被动化不合法。但研究表明动力情态助动词语义限制其主语，子句能否被动化与子句宾语的语义特征相关。如果子句宾语为无生名词，则子句被动化不合法。

（5） a. The biscuits seem to have been finished by Paul.

b. The biscuits may be finished by Paul.

（6） a. The man wanted to be fired by shouting at his boss.

b. * The biscuits dare/will be finished by Paul. (will 具有意愿性)

此外，英语中大量存在被动化的宾语控制动词结构。

（7） a. John doesn't expect his son to be punished.

b. Paul persuaded Mary to be examined by the doctor.

但沃姆布兰德（Wurmbrand，1999）对道义情态助动词的分析值得重视。道义情态助动词的句法属性较为复杂，将其划分为控制动词确实存在一些挑战。布伦南（Brennan，1993）从语义上将道义情态助动词分为两类：间接道义情态助动词和直接道义情态助动词，并指出间接道义情态助动词在句法上与认识情态助动词相同，而直接道义情态助动词与动力情态助动词具有相同的句法特征。艾德（Eide，2002）也将道义情态助动词区分主语取向情态助动词和命题情态助动词，前者为二元动词，后者为一元动词，并指出主语取向情态助动词允准假拟分裂句，而命题情态助动词不允准。阿萨丽娜和霍尔特（Asarina & Holt，2005）基于布伦南的假设分析了他加禄语（Tagalog）中的情态助动词的句法语义，指出间接道义情态助动词不指派主语形态，直接道义情态助动词指派主语 NG 形态，分别属于提升与控制结构。可见，道义情态助动词的二分有助于我们更好地发掘这类动词的句法特征，探索情态助动词的提升与控制结构。

本章拟在最简方案框架下重新分析不同语言中情态助动词的相关句法特征，提出基于特征核查的情态助动词的提升与控制结构假设，并重点探讨道义和动力情态助动词的相关句法现象。

二、情态助动词句法特征的跨语言比较

（一）语义限制

情态助动词对主语的语义限制情况分两类：一类要求主语必须是有生命的名词性成分，另一类则不对主语的语义作要求。挪威语中，认识与道义情态助动词不限制主语的语义特征，而动力情态助动词要求主语为有生命的主语。

（8） a. Maten må/skal/kan/bØr/behØver ikke/trenger ikke

serveres snart(epistemic/deontic).

The food must/will/may/should not/need not be served soon.

b. * Maten vil/kan bli servert snart. (dynamic)

The food will/be able to be served soon.

(Eide,2002:116)

例（8a）表明挪威语中认识和道义情态助动词都可以带非人称主语，主语 Maten 的题元角色是动词 serveres 指派的，认识和道义情态助动词不指派题元角色。但例（8b）中动力情态助动词指派主语施事题元，不允准无生命名词短语。

冰岛语中，带形式主语 there 的情态助动词只能解读为认识情态，不能解读为动力情态。

(9) a. Der vil komme ti studenter til foredraget.

'There will come ten students to the talk.'

'Ten students will come to the talk.'

≠'Ten students want to come to the talk.'

b. Pað kunna að hlusta tíu stúdentar á fyrirlesturinn.

There can to listen ten students to talk-the

'Ten students may listen to the talk.'

≠'Ten students are able to listen to the talk.'

(Thráinsson & Vikner,1995)

汉语中，认识情态助动词不限制主语的语义角色，而动力情态助动词要求主语具有意愿性。

(10) a. 会议应该结束了。(认识或道义)

b. 小明不肯去上海。(动力)

(黄正德,1988)

但道义情态助动词是否限制主语的语义内涵较具争议。一部分学者认为，道义情态助动词不限制主语的语义内涵，属于提升动词。如英语道义情态动词允准形式主语 there 和无生命主语，而且与主语并不一定具有直接语义关系。

（11） a. There may be singing but no dancing on my premises.

b. There can be a party as long as it’s not too loud.

（12） a. The biscuits may be finished by Paul.

b. An opening hand must contain thirteen points.

c. Icicles may hang from the eavestroughs.

（13） a. The old man must fall down the stair and it must look like an accident.

b. Your children may play in the garden but they cannot go into the barn.

（Wurmbrand, 1999）

土耳其语中，道义情态助动词子句主语可以提升到句首，而且补足语子句也可以整体提升到句首。

（14） a. Jan moet[naar Amsterdam].

John must to Amsterdam.

b. Dat Jan morgen <naar Amsterdam> moet.

That John tomorrow to Amsterdam must.

（Barbiers, 1999）

意大利语北部方言中，道义情态助动词对主语允准上存有缺陷，可以出现在句首，也可以带形式主语。

（15） a. Bisugne ch’al vae.

It-is-necessary that he-go.

b. El vole magna.

It wants eaten

' It is necessary to eat it. '

(Benincà & Poletto, 1994)

挪威语中，道义情态助动词允准形式主语 there、weather-it 主语、习语块主语、间接格主语、被动补足语的无生命主语和辖域重构，应该分析为提升动词。

(16) a. Det skal bestandig være mist to voksne til stede.

There shall always be at-least two adults at place.

' There should always be at least two adults present. '

b. Nå bØr det snart regne; gresset er så tØrt.

Now should it soon rain the-grass is so dry

' It ought to rain soon; the grass is so dry. '

c. M. h. t. Joh, så kan fanden ta ham!

' As for John, the devel may take him (= permission) '

d. Umsækjandann ver? ur a? vanta peninga.

The-applicant-ACC must to lack moncy

' The applicant must lack money (in order to apply for this grant). '

e. Maten må/skal/kan/bØr bli server snart.

' the food must/will/may/should be served soon (epistemic/root = OK) '

f. Noen sØkere bØr/kan/må/skal sØke igjen.

' Some applicants should/may/must/will apply again. '

i. There are some applicants and they should/may/must/will apply again.

ii. It is preferred/allowed/necessary/intended that some applicants apply again.

(Eide, 2002: 80)

但并非所有道义情态助动词都具有上述特征，可以分析为提升动词。印度尼西亚语和马来语中，道义情态助动词不可以出现在句首，只有认识情态助动词可以。

(17) a. * Boleh Ali datang.

May Ali come

'Ali is allowed to come.'

b. Pasti Ali datang.

Certain Ali come

'For sure Ali will come.'

(印度尼西亚语, Yanti, 2011)

(18) biso Ida la ambeʔ panci-tu.

Can Ida PRF take pot-DEM. DIST

'It is possible that Ida has taken the pot.'

(马来语, Yanti, 2011)

布伦南（Brennan，1993）提出将间接道义情态助动词带句子补足语，不指派主语题元角色，属于提升动词。而直接道义情态和动力情态助动词带主语和 VP 补足语，指派主语题元角色，属控制动词。如例（19）所示：

(19) a. The man must disappear.

b. The bread must disappear.

阿萨丽娜和霍尔特（Asarina & Holt，2005）基于布伦南的假设分析了他加禄语中直接道义情态和间接道义情态之间的差异，指出他加禄语中道义情态助动词指派主语NG形态，即使其后的动词是SA动词[1]。这表明道义情态助动词主语的NG形态并非其后的动词指派，而是道义情态助动词指派，如例（20）。道义情态助动词也可以不指派主语题元角色，主语题元角色由子句动词指派ANG形态，如例（21）。

（20） Kailangan ng lalaki bumili ng kotse.

must NG man SA-buy NG car

'The man must buy a car.'

（21） Kailangan ang lalaki bumili ng kotse.

must ANG man SA-buy NG car

'The man must buy a car.'

直接道义情态助动词与子句动词会产生重构，二者之间不能插入否定词。间接道义情态助动词并不与子句动词产生重构，二者之间可以插入否定词。

（22） * Kailangan(ng) [hindi bumili ng lalaki ng kotse.]

must not SA-buy NG man NG car

'The man must not buy a car.'

（23）Kailangan(ng) [hindi bumili ang lalaki ng kotse.]

must not SA-buy ANG man NG car

'The man must not buy a car.'

当主语为无生命名词短语时，道义情态助动词不能指派

[1] 主语依据动词的标记SA（Subject-ANG）获得ANG形态，依据OA（Object-ANG）标记获得NG形态。

主语 NG 形态，主语形态由其后的动词指派形态。当主语为有生命名词短语时，道义情态助动词可以指派主语 NG 形态，也可以不指派。如下所示：

（24） * Kailangan ng tinapay mawala.
must NG bread disappear
'The bread must disappear.'

（25） Kailangan ng lalaki mawala.
must NG man disappear
'The man must disappear.'

（26） Kailangan ang lalaki/tinapay mawala.
must ANG man/bread disappear
'The man/the bread must disappear.'

道义情态助动词区别于表能力的动力情态助动词，后者指派主语 NG 形态，不允准 ANG 主语，也不允准无生命主语。

（27） a. Kaya ng lalaki bumili ng kotse.
can NG man SA-buy NG car
'The man can buy a car.'
b. Kaya bumili ng lalaki ng kotse.

（28） a. * Kaya ang lalaki bumili ng kotse.
can ANG man SA-buy NG car
'The man can buy a car.'
b. * Kaya bumili ang lalaki ng kotse.

（29） a. * Kaya ng tinapay mawala.
can NG bread disappear
'The bread is able to disappear.'
b. * Kaya mawala ng tinapay.

汉语道义情态助动词也区分为直接道义情态助动词和间接道义情态助动词，同样允准无生命名词短语出现在句首。但该名词短语可以是子句主语提升而来，也可以是子句宾语提升而来。前者属于间接道义情态，道义作用的对象为补足语子句，子句主语提升到主句主语位置核查格位，为强制提升结构；后者属于直接道义情态，道义作用的对象为脱落的主语，为控制结构，主句脱落的主语可以补充出来，子句宾语提升属于话题化，为非强制提升结构。

(30) a. 工厂应该按时开工。

b. 飞船可以出发了。

(31) a. 这批书(我们)应该卖掉。

b. 这件事(你们)可以慢慢做。

汉语间接道义情态助动词不能出现在句首，子句主语强制提升；而直接道义情态助动词允准主语脱落，可以出现在句首，且子句宾语可以不提升。

(32) a. *应该工厂按时开工。

b. *可以飞船出发了。

(33) a. (我们)应该卖掉这批书。

b. (你们)可以慢慢做这件事。

上述分析表明，认识和间接道义情态助动词属于提升动词，不限制主语的语义内涵，不影响提升主语的形态特征；动力和直接道义情态助动词属于控制动词，限制主语的语义内涵，指派主语格和其他形态特征。

(二) 删除与移位

动力和道义情态助动词允准补足语子句删除或移位到句

子的左边界，而认识情态助动词不允准。

（34） Ottokar muss singen, und du musst es auch/das musst du auch.

'Ottokar must sing, and you must(it) too.'

（35） * Ottokar muss krebs haben, und du musst es auch/das musst du auch.

'Ottokar must have cancer, and you must(it) too.'

（德语，Ross, 1969）

（36） Il dit que je pourrais manger ces chocolats, mais je ne dois pas.

'He says I could eat these chocolates, but I must not.'

（法语，Zubizarreta, 1982）

（37） Saya tidak mau latihan piano, tapi saya mesti.

1SG NEG want practice piano but 1SG must

'I do not want to practice piano, but I must.'

（38） Siti selalu bekerja. Dia bilang dia tidak capai, tapi saya pikir dia pasti *(capai).

Siti always work 3SG say 3SG NEG tired, but ISG think 3SG certain tired

'Siti is always working. She says she's not tired, but I think she must be tired.'

（印度尼西亚语，Fortin, 2012: 14）

（39） Jessica wil niet gaan werken morgen, maar ze moet.

Jessica wants NEG go work tomorrow but she must

'Jessica doesn't want to go to work tomorrow, but she has to.'

（40） Arne zegt dat hij niet de hele taart heft opgegeten, maar hij moet wel.

Arne says that he NEG the whole pie has up. eaten but he must PRT the whole pie

*（de hele tart）

hebben opgegeten, want ze is weg.

Have up. eaten for she is away

'Arne says that he didn't eat the whole pie, but he must have, for it's gone.'

（土耳其语，Aelbrecht，2009:52）

当情态助动词既可以表示道义，又可以表示推测时，只有表道义的句子允准补足语子句删除，表推测的句子删除子句不合法。

（41） a. 小明应该好好学习，小李也应该。（道义）

b. *张三应该已经去了上海，李四也应该。（认识）

（42） a. John must wash his car every day and Peter must too.（道义）

b. * John must wash his car every day and Peter must too.（认识）

（Drubig，2001:30）

认识情态助动词不允准补足语子句话题化，因为子句主语提升后，子句剩余部分移位，主语语迹不能得到允准，违背广义控制规则（Generalized control rule，GCR），所以句子不合法。控制情态助动词则允准其补足语子句话题化。

（43） a. *[t_i已经毕业了]$_j$，小明$_i$可能 t_j。

b. *[t_i已经去了上海]$_j$，张三$_i$应该 t_j。

（44） a.［PRO_i参加这次比赛］$_j$，小明$_i$肯 t_j。

b.［PRO_i独自去上海］$_j$，张三$_i$不敢 t_j。

（45） a. Peter said that Max must work for the KGB and ［work for the KGB］Max must.

b. ? Peter said that Max must work for the KGB and ［work for the KGB］Max must.

（Drubig，2001：31）

（46） A：Opo mbak Jozina oleh［nganggo celono ning pasar］?

Q older sister Jozina may ACT. wear pant to market

'May Jozina wear pants to the market?'

B：［nganggo celono ning pasar］，mbak Jozina oleh.

（47） A：Opo mbak Jozina mungkin［nganggo celono ning pasar］?

Q older sister Jozina may ACT. wear pant to market

'Is it possible that Jozina wear pants to the market?'

B：*［nganggo celono ning pasar］，mbak Jozina mungkin.

（爪哇语，Vander Klok，2012）

（三）假拟分裂句

假拟分裂句（Pseudo-Cleft Sentence）区分认识情态助动词与道义/动力情态助动词。认识情态助动词不允准其后的补足语子句被焦点化，但道义和动力情态助动词允准。

（48） a. * What she definitely may is（to）be in London now.

b. What you definitely can do is finish the pie.

（Davidsen-Nielsen，1990：25）

（49） a. Eitt af þvi sem hann kann ekki er að synda.

One of it that he can not is to swim.

'One of the things he cannot(do) is to swim.'

b. * Dað sem mig vill er að vanta peninga

It that I will is to lack money

'Intended meaning: What I tend to be is to be short on money.'

（冰岛语，Thráinsson & Vikner，1995：61）

（50） a. * 已经去了上海是张三所可能的。

b. 去上海是张三所不肯的。

挪威语中，直接道义情态助动词为控制动词，允准假拟分裂句结构，而间接道义情态助动词为提升动词，不允准假拟分裂句结构。

（51） a. Det Marit må, er å snakke med ham.

It Marit must is to talk to him.

'What Marit must(do) is to talk to him.'

b. Det vi alle bØr, er å tenke gode tanker.

It we all should is to think good thoughts

'What we all should (do) is to think good thoughts.'

（52） a. * Det en kvinne bØr, er å bli vår neste statsminister.

It a woman should is to be our next prime minister

'What should happen is that a woman becomes our next prime minister.'

b. * Det apene ikke må, er å mates av besØkende.

It the monkeys not must is to feed-PASS by visitors

'What must not take place is that the monkeys are fed by visitors.'

(Eide,2002:23)

西班牙语认识情态助动词 parecer 不允准不定式子句焦点化，而控制情态助动词允准。

(53) a. ? Trabajar más es lo que tus alumnos pueden.

Work-INF more be-3. SG CL-it that your students can-3. PL

'Work more is what your students can.'

b. * Trabajar más es lo que tus alumnos parecen.

Work-INF more be-3. SG CL-it that your students possible-3. PL

'Work more is what your students can.'

(Gallego,2010:190)

（四）时体标记

时体标记是区分不同情态助动词的重要标记。挪威语中，带完成体补足语的情态助动词只能解读为认识情态；而情态助动词作完成体助动词的补足语时，只能解读为动力或道义情态。

(54) Han vil/kan/må/skal ha dreiet håndtaket.

He will/may/must/is said to have turned the lever.

(55) Han har villet/kunnet/måttet/skullet dreie håndtaket.

He has want-to/can/must/shall-PRF turn the-lever.

（挪威语，Dyvik,1999）

根据林宗宏（Lin，2011），汉语情态助动词的语义辖域低于句尾时体助词“了”，则情态助动词既可能是认识情态，也可能是道义或动力情态；但如果情态助动词的语义辖域高于句尾时体助词“了”，则情态助动词只能解读为认识情态。

（56） a.[小明今天[不可能[看得完那本书]]了]。（认识）

b.[小明[不可以[出国]]了]。（道义）

c.[小明[不肯[出国]]了]。（动力）

（57） a.[小明可能[已经毕业了]]。（认识）

b.[张三应该[已经去上海了]]。（认识/＊道义）

马来语的占碑（Jambi）方言中，情态助动词 biso 语义辖域低于体助词 la 或 lagi，只能诠释为动力或道义情态，语义辖域高于体助词则诠释为认识情态。

（58） a. Maria la biso ŋambeʔ baraŋɲo

Maria PECT can ACT-take thing-3

‘Maria has been able to take her stuff.’

‘Maria has been permitted to take her stuff.’

b. Maria biso la ŋambeʔ baraŋɲo

‘it is possible that Maria has taken her stuff.’

（59） a. Oraŋ-tu lagi biso dataŋ

Person-DEM. DIST PROG can come

‘They currently are able to come.’

‘They are being permitted to come.’

b. Oraŋ-tu biso lagi dataŋ

‘it is possible that they are coming.’

（Yanti，2011）

情态助动词的跨语言句法特征分析表明，认识和间接道义情态助动词属于提升动词，动力和直接道义情态助动词属于控制动词，两者在语义限制、删除与移位、假拟分裂句和时体标记上表现出不同的特征。

三、情态助动词句法分析的相关假设

（一）提升论

最早对情态助动词作出统一解释的是普拉姆和威尔森（Pullum & Wilson，1977），他们指出大部分情态助动词都是不及物动词，与提升动词 tend 类似；根情态助动词（包括动力和道义情态助动词）dare 和表意愿的 will 例外，为及物动词。但他们注意到根情态助动词存在允准无生命主语现象，并将这类句子分析为句法与语义的错配，如例（60）和例（61）。

（60） a. There may be beer and cider at the party, but I refuse to permit spirits in the house.

b. There must be no punching below the belt, and no throttling.

（61） a. These two aspects of death cannot be successfully separated, but they dare not be confused or identified.

b. Inflation is a problem which dare not be neglected.

沃姆布兰德（Wurmbrand，1999）认为情态助动词都是提升动词，其理由如下：首先，该类动词允准形式主语there，如例（62）；也允准无生命名词短语出现在其主语位置，如例（63）。其次，冰岛语中，道义情态助动词主语的奇异格（quirky case）与子句动词关联，表明该主语由子句主语位置提升而来，如例（64）。

（62）a. There may be singing but no dancing on my premises.

b. There can be a party as long as it's not too loud.

c. There must be a solution to this problem on my desk, tomorrow morning!

（63）The biscuits may be finished by Paul.

（64）a. Haraldi/ * Haraldur verður að Lika hamborgarar.

Harold-DAT Harold-NOM must to like hamburgers

'Harold must like hamburgers' (in order to be accepted by his new American in-laws)

b. Umsækjandann verður að Vanta peninga.

The-applicant-ACC must to lack money

'The applicant must lack money' (in order to apply for this grant)

沃姆布兰德的分析说明上述例句中的道义情态助动词属于提升动词，且道义作用的对象是整个事件，属于间接道义情态。但并非所有的道义情态助动词都可以分析为提升动词。前面提到的他加禄语中，即使道义情态助动词的动词是SA动词，道义情态助动词仍指派主语NG形态，这表明道义情态助动词主语的NG形态并非其后的动词指派，而是道义情态助动词指派。道义情态助动词也可以不指派主语题元角色，主语题元角色由子句动词指派 ANG 形态，如例（65）、例（66）。

（65） Kailangan ng lalaki bumili ng kotse.（NG 标记主语）

must NG man SA-buy NG car

'The man must buy a car.'

（66） Kailangan ang lalaki bumili ng kotse.（ANG 标记主语）

must ANG man SA-buy NG car

因此，将道义情态助动词分析为提升动词不能解释他加禄语中主语的形态指派。此外，道义情态助动词允准其后的子句删除或移位，但认识情态助动词不允准，必须带上动词，如德语、印度尼西亚语、汉语等。

（67） a. Ottokar muss singen, und du musst es auch/das musst du auch.

'Ottokar must sing, and you must (it) too.'

b. * Ottokar muss krebs haben, und du musst es auch/das musst du auch.

'Ottokar must have cancer, and you must (it) too.'

（德语，Ross，1969）

（68） a. Saya ingin beli gaun baru, tapi ibu bilang saya tidak boleh.

ISG want buy dress new, but mom say ISG NEG may

'I want to buy a new dress, but Mom said that I am not allowed to.'

b. Siti selalu bekerja. Dia bilang dia tidak capai, tapi saya pikir dia pasti *(capai).

Siti always work 3SG say 3SG NEG tired, but ISG think 3SG certain tired

'Siti is always working. She says she's not tired, but I think she must be tired.'

（印度尼西亚语，Eide，2002）

（69）a. 小明可能看了这本书，小丽也可能 *（看了）。

b. 小明可以看这本书，小丽也可以（看）。

将道义情态助动词分析为提升动词也不能解释二者在带完成体助词上的差异。认识情态助动词可以带完成体补足语，语义辖域高于完成体助词；道义情态助动词不能，其语义辖域低于完成体助词。

（70）Han vil/kan/må/skal ha dreiet håndtaket.

He will/may/must/is said to have turned the lever

（71）Han har villet/kunnet/måttet/skullet dreie håndtaket.

He has want-to/can/must/shall-PERF turn the-lever

（挪威语，Dyvik，1999）

（72）a. Maria la biso ŋambeʔ baraŋɲ o

Maria PRF can ACT-take thing-3

'Maria has been able to take her stuff.'

'Maria has been permitted to take her stuff.'

b. Maria biso la ŋambeʔ baraŋɲ o

'it is possible that Maria has taken her stuff.'

（马来西亚语，Yanti，2011）

（73）a. John may/must/can't/needn't have passed the exam.

b. He may be coming back at any moment.

（74） a. * John will/dare have passed the exam.

b. * He may be borrowing my bike.

（Davidsen-Nielsen, 1990）

（75） a. 小明$_i$可能[t_i已经毕业了]。

b. 张三$_i$应该[t_i已经去上海了]。

（76） a. 小明可以[看这本书]了。

b. 他不应该[再做这件事]了。

由此可见，假设情态助动词为提升动词存在诸多经验事实上的挑战，但简单将认识情态助动词分析为提升动词、将根情态助动词分析为控制动词亦存在一些反例，需要进一步分析根情态助动词的各类情形。

（二）提升与控制论

很多学者对情态助动词的句法属性提出不同的看法，指出不同类别的情态助动词具有不同的句法特征，可以分为提升与控制两类。特拉尼森和维克纳（Thráinsson & Vikner, 1995）指出丹麦语存在事件谓词 fá 和状态谓词 have 两类，且事件谓词比状态谓词具有更多的隐含意义。认识情态助动词不指派题元角色，可以允准状态谓词和事件谓词作补足语，如例（77）；但根情态助动词可以指派主语附加题元角色，只允准状态谓词作补足语，不能允准事件谓词，如例（78）。

（77） a. Han vil have tre biler í 1995.

He will have three cars in 1995

'He will have three cars in 1995.'

b. Han vil fá tre biler í 1995.

He will get three cars in 1995

'He will get three cars in 1995.'

(78) a. Han vil have tre biler i 1995.

He want have three cars in 1995

'He wants to have three cars in 1995.'

b. * Han vil fá tre biler i 1995.

He want get three cars in 1995

'intended meaning: He wants to get three cars in 1995.'

挪威语中 blive-被动式和 s-被动式也可以区分为认识与根情态助动词。blive-被动式不能出现在根情态助动词的子句中；而 s-被动式可以出现在根情态助动词的子句中。

(79) a. Hun vil blive arresteret af politiet.

She will be arrested by the police.

i. 'She will be arrested by the police.'

ii. ' * He wants to be arrested by the police.'

b. Hun vil arresteres af politiet.

She wants be-arrested by police-the.

'She wants to be arrested by the police.'

依此，特拉尼森和维克纳认为，认识情态助动词属于提升动词，根情态助动词属于控制动词。但布伦南（Brennan，1993）、阿萨丽娜和霍尔特（Asarina & Holt，2005）等的研究表明，根情态助动词并不具有一致的句法属性，应该被区别对待。阿萨丽娜和霍尔特（Asarina & Holt，2005）分析了他加禄语中直接道义情态和间接道义情态之间的差异，指出直接道义情态助动词指派主语 NG 形态，如例（80a）；间接道义情态助动词可以不指派主语题元角色，主语题元角色由子句动词指派 ANG 形态，如例（80b）。

（80） a. Kailangan ng lalaki bumili ng kotse.
must NG man SA-buy NG car
'The man must buy a car.'
b. Kailangan ang lalaki bumili ng kotse.
must ANG man SA-buy NG car
'The man must buy a car.'

直接道义情态助动词与子句动词会产生重构，二者之间不能插入否定词；间接道义情态助动词并不与子句动词产生重构，二者之间可以插入否定词。

（81） a. * Kailangan(ng) [hindi bumili ng lalaki ng kotse.]
must not SA-buy NG man NG car
'The man must not buy a car.'
b. Kailangan(ng) [hindi bumili ang lalaki ng kotse.]
must not SA-buy ANG man NG car
'The man must not buy a car.'

依此，直接道义助动词与动力情态助动词一致，指派主语格位，属于控制动词，而间接道义助动词与认识情态助动词一致，不指派主语格位，属于提升动词。

综上，情态助动词基本分为两类，认识与间接情态助动词属提升动词；动力与直接道义情态助动词属控制动词。随着句法理论的不断发展，一些学者从理论内部对提升与控制假设提出不同的看法，进一步发展了提升与控制理论。

（三）控制移位论

霍恩斯坦（Hornstein，1999），博埃克斯、霍恩斯坦和努涅斯（Boeckx，Hornstein & Nunes，2010）等认为句法理论发展到最简理论方案，GB 理论中关于 PRO 的分布与诠释的控制理论存在问题，因此提出将控制理论统一到移位理论中。在管辖与约束理论中，PRO 属于具有［+anaphoric，+pronominal］特征的空代词，因此，控制理论假设 PRO 必须不被管辖。但最简理论框架删除了管辖理论，因此控制理论也需要修正。乔姆斯基和拉斯尼克（Chomsky & Lasnik，1993）提出 PRO 属于格标记范畴，从不定式中心 T 获得空格。但霍恩斯坦（Hornstein，1999）指出 PRO 的空格假设理论属于规约性的假设，而且存在经验上的问题，如 PRO 并不阻碍 wanna/gonna 这些缩写形式。

（82） a. I want[PRO to win].→I wanna win.

b. I_i am going[t_i to win].→I gonna win.

c. who_i do you want [t_i to win]. → * who do you wanna win.

霍恩斯坦认为 wh-语迹不同于 NP 语迹，前者有格标记，阻碍 wanna 缩写，而后者没有。因此，PRO 更像无格标记的空语类，不阻碍 wanna 缩写形式。霍恩斯坦认为强制控制 OC PRO 是反身代词，必须有局部的成分统治它的先行语；而任意控制 NOC PRO 是代词，不能有局部先行语，如例（83）。

（83） a. * It was expected PRO to shave himself.

b. * $John_i$ thinks that it was expected PRO_i to shave himself.

c. * John's campaign expects PRO to shave himself(= Bill expects Bill/ * John to win).

d. John expects PRO to win and Bill does too.

例（83a-c）中，OC PRO 都缺乏局部的先行语，所以句子不合法，而例（83d）中，OC PRO 存在最近成分统治它的先行语 John，而且省略 VP 中的 OC PRO 只能获得松散解读，指向 Bill，这与反身代词的解读一致。

（84）a. John expects himself to win and Bill does too(= Bill expects Bill/ * John to win).

b. John expects that he will win and Bill does too(= Bill expects Bill/John to win).

霍恩斯坦认为，OC PRO 和 NP 语迹一样都属于具有反身性而不具代词性的空语类，能出现在题元位置，不具格标记。二者的不同在于 OC PRO 与一个题元位置成分同标；而 NP 语迹则与一个非题元位置成分同标。

（85）a. $John_i$ want[PRO_i to win].

b. $John_i$ seemed[t_i to win].

依此，霍恩斯坦提出控制移位论：提升与控制结构都可以通过合并和拷贝生成，移位操作的所有拷贝只有最顶端的拷贝被拼读出来；不同的是控制结构中拼读出的拷贝具有多个题元角色，而提升结构拼读出的拷贝只有一个题元角色。

（86）a. [IP John [VP want [IP John to [VP John win]]]]

b. [IP John [VP seemed [IP John to [VP John win]]]]

这一假设从理论的经济性出发，将空主语 PRO 统一到语迹中去，通过局部性来诠释 PRO，并抛弃了关于 PRO 的控制理论，旨在寻求句法理论的最简性，具有一定的解释力。

但控制提升论假设不定式子句 T 不指派格位，依此较难解释提升情态助动词不改变子句动词能指派的 Q 格，而控制动词能指派主语主格，不允准 Q 格。

(87) a. Harald vill oft vanta peninga.
Harold. ACC will frequently lack money
'Horald frequently tends to lack money.'
'* Horald frequently wants to lack money.'
b. Haraldur/ * Harald vonast til að vanta ekki peninga.
Harold. NOM/ * ACC hopes for to lack not money
'Harold hopes not to lack money.'
(Thráinsson & Vikner, 1995: 60)

此外，他加禄语中控制情态助动词的主语被指派 NG 形态，而并非由其后 SA 动词指派的 ANG 形态，情态助动词的子句主语提升到主句主语位置，不改变子句动词指派的 ANG 形态，如例（88）。

(88) a. Kaya ng/ * ang lalaki bumili ng kotse.
can NG/ANG man SA-buy NG car
'The man can buy a car.'
b. Kailangan ang lalaki bumili ng kotse.
must ANG man SA-buy NG car
'The man must buy a car.'
(Asarina & Holt, 2005)

由此可见，控制移位论无论假设子句主语的格或形态是在哪一阶段获得，都存在理论上的挑战。控制移位论的另一挑战在于提升与控制动词CP子句在子句主语移位上的阻碍现象。假设提升动词的CP子句是语段，构成子句主语提升的障碍，而不定式TP子句并不阻碍子句主语提升。而控制动词如果分析为提升结构的话，其不定式TP子句并不构成提升障碍。

（89） a. It is likely for John to win the game.

b. * John is likely for to win the game.

（90）a. Mary seems to have won the game.

b. John is believed to have won the game.

例（89）中，子句为标句词for引导的CP结构，因此子句主语John不能提升到主句主语位置，否则不合语法。例（90）中，子句不带标句词，为TP结构，子句主语John可以提升到主句主语位置。

移位控制论亦难以解释控制结构中空主语PRO与其先行语的不同格形态现象。

（91） Ona poprosila ego ne PRO ezdit' tuda odnomu zavtra.

She. NOM asked him. ACC not to-go there alone. DAT tomorrow

' She asked him not to go there alone tomorrow. '

（俄语，Landau，2013：27，37）

例（91）中，控制结构的子句主语为DAT格，其先行语为ACC格，这种同一指称对象不同格形态的现象给控制移位论带来巨大挑战。因此，其他学者对控制移位论提出质疑，并在最简方案框架下对提升与控制理论提出修正的方案。

（四）一致理论

朗道（Landau，1999、2000、2004、2007、2008、2013、2015）通过一系列研究阐释了其对于控制的一致理论。朗道的假设有几个重要组成部分。

其一是空主语 PRO 具有同词汇名词短语一样的标准格特征，因而格特征不能解释 PRO 的分布。可见朗道继承并发展了 PRO 的格特征核查理论。虽然都从 T 的时态特征出发，但不同于马丁（Martin，2001）的空格假设，朗道从更多的经验事实出发分析了 PRO 作为一般名词短语所具有的格位的现象，这是他对形式句法研究的巨大贡献之一。

其二是从功能中心 I 上的特征出发，提出“控制演算”（control calculus）的假设：子句必须提供所有必需的信息，决定子句主语是否能许可 PRO，相关的信息为语义时态特征［T］和形态一致特征［Agr］。如果子句的功能核心 I 的特征为［+T，+Agr］，那么子句主语位置将许可一个词汇主语，该子句为定式子句；如果子句的功能核心 I 的特征为［+T，-Agr］，［-T，+Agr］，［-T，-Agr］，那么子句主语将许可 PRO，该子句则一定为非定式子句。PRO 与词汇主语成互补分布。为此，朗道引入了一个指称特征［R］（Referential）来解释 PRO 与词汇名词短语的指称特征的不同：词汇名词短语或 pro 指定为［+R］，具有指称性特征；PRO 指定为［-R］，不具有指称性特征。他假设子句功能核心 I 或 C 具有不可诠释特征［R］，当子句 I 或 C 指定为［+T，+Agr］时，I 或 C 自动地具有［+R］特征；当子句 I 或 C 指定为［+T，-Agr］，［-T，+Agr］，［-T，-Agr］时，I 或 C 自动地具有［-R］特征。

子句主语的许可转化为子句功能核心 I 或 C 的不可诠释特征的核对。词汇名词短语具有［+R］特征，它将核查功能核心 I 或 C 的不可诠释特征［+R］。PRO 具有［-R］特征，它将核查功能核心 I 或 C 的不可诠释特征［-R］。其特征 R 规定如下：

（92）特征[R]的规定

a. Lexical DP, pro⇒[+R]

b. PRO⇒[-R]

（Landau, 2015）

词汇名词短语 DP/pro 具有可诠释特征［+R］，而 PRO 则具有可诠释特征［-R］，需要一个先行成分与其同标共指。根据 R-分配规则，子句特征的不同反映为功能核心上的不可诠释特征［uR］的不同。

（93）R-分配规则

For $X^{o}_{[\alpha T, \beta Agr]} \in \{I^{o}, C^{o} \cdots\}$:

a. Ø→[+uR]/X°[_], if α = β = ‘+’

b. Ø→[-uR]/elsewhere

（Landau, 2015）

通过功能核心 I 和 C 的形态一致特征［T］与语义时态特征［Agr］的交互作用，子句可以被很清晰地区分为定式子句与非定式子句。朗道的假设很好地揭示了粘着型语言（冰岛语、俄语、德语、希腊语、罗马尼亚语、巴斯克语等）中定式与非定式结构之间的特征差异，如表 6-1 所示（Landau，2004）。

（94）A typology of clausal complements

表 6-1　句子补足语类型

	Obligatory Control			
	EC-infin. uninflected	*PC-infin. uninflected*	*Balkan C-subjunc and Hungarian inflected infin.*	*Balkan F-subjunc and Hebrew 3rd person subjunc.*
I^0	[-T, -Agr]	[+T, -Agr]	[-T, -Agr]	[+T, +Agr]
C^0	[-T]	[+T, (+Agr)]	[-T]	[+T, +Agr]

	No Control					
	ECM Raising SC	*Hungarian inflected infin.*	*Portuguese inflected infin.*	*Balkan F-subjunc and Hebrew subjunc.*	*Obviative subjunc.*	Indicative
I^0	[+T]/[-Agr]	[-T, +Agr]	[+T, +Agr]	[+T, +Agr]	[+T, +Agr]	[+T, +Agr]
C^0	—	[-T, +Agr]	[+T]/Ø	[+T, +Agr]	[+T]	Ø

其三是对空主语 PRO 的分布与诠释。朗道在空主语 PRO 的分布和诠释上贡献较多，其研究的部分控制现象和定式控制现象引起了学界的重视，成为控制和提升现象研究的焦点。

朗道的一致理论是对乔姆斯基和拉斯尼克（Chomsky & Lasnik, 1993）的零格（null case）假设的发展，并提供了具体的操作技术细节，能解释更多的语言现象。但一致理论的部分理论缺陷和一些构成重要反例的经验事实严重制约了其发展，受到不同学者的质疑。霍恩斯坦（Hornsteln, 1999、2001、2003）、博埃克斯和霍恩斯坦（Boeckx & Hornstein, 2003）、霍恩斯坦和木口（Hornstein & Kiguchi, 2003）、霍恩斯坦等（Horstein, et al. , 2008）、博埃克斯等

（Boeckx，et al.，2010）等的研究说明了一致理论的不足。在理论上，首先，博埃克斯等（Boeckx，et al.，2010：28）指出将语义上不可诠释、语音上为空的［一致］作为特征不具逻辑层和语音层的动因，与最简假设不相符，而且这些特征只是描述需要解释的事实，并未真正解释语言现象。其次，在一致关系和 PRO 的［-R］特征核查上存在逻辑问题，即 I_2与 C、I_1与 PRO 基于［R］特征的一致关系、C 与 I_1之间基于［Agr］的一致关系，将两种一致关系结合及物性假设说明 PRO 与 I_2之间存在一致关系。再次，基于一致的操作在实践上也存在一些漏洞，一致操作可以允准定式控制现象进入直陈句，这显然与朗道的理论假设相冲突。在经验事实上，一是朗道的理论聚焦于控制结构非定式子句的时态特征，但相关研究表明基于与时态相关的句法测试特征并不能有效区分提升与控制两者结构（Wurmbrand，2005）。二是基于［T］和［Agr］的特征核查决定 PRO 的分布也存在一些重要的反例。博埃克斯等（Boeckx，et al.，2010：24）指出巴西葡萄牙语中的空主语 PRO 在直陈句（indicative）中表现出强制控制的句法特征，与朗道提出的强制控制与直陈句不兼容的普遍分布假设相矛盾，而且虚拟式定式子句的空主语 PRO 现象与一致理论冲突。

（五）最简理论下修正的提升与控制假设

提升与控制理论是管辖与约束理论中两个重要的组成部分。在最简方案框架下，随着底层结构和与之相关的管辖概念的删除，提升与控制理论也被不断修正。根据乔姆斯基和拉斯尼克（Chomsky & Lasnik，1993）、乔姆斯基（Chomsky，

1995、2000、2001、2004、2005）的多项研究，修正的提升与控制理论如例（95）所示。

（95）控制理论:PRO属于格标记范畴,只能从不定式中心T获得空格。

提升理论:EPP特征驱动论元移位,一致核查阻碍论元移位。

控制理论假设是基于这一经验事实：PRO可以从非格标记的位置移位出来，但不可以从格标记位置移位出来，如例（96）。

（96）a. We never expected[PRO_i to be found t_i].

b. * We never expected[PRO_i to find t_i].

这与嵌入句主语位置的显性名词短语一致。

（97）a. We never expected that[$John_i$ would be found t_i].

b. * We never expected that[$John_i$ would find t_i].

乔姆斯基和拉斯尼克（Chomsky & Lasnik，1993）认为，例（96b）不合法在于PRO从有格的位置移入无格的位置，而PRO位于不定式子句IP的指示语位置是合法的，如“it is unfair ［PRO to talk about John］”。因此，他们假设PRO只能从无格的位置移入空格的位置，即不定式子句IP的指示语位置。马丁（Martin，2001）对空格理论做了进一步的阐释，指出控制动词的不定式补足语具有时态特征，可以核查PRO的空格；提升动词和ECM动词的不定式补足语不具时态特征，不能核查格位；定式子句补足语具有时态，能核查主格。但博埃克斯等（Boeckx，et al.，2010：19-20）指出时态特征并不能有效地区分提升与控制结构，马丁基于时态分析PRO的空格允准并不可靠。空格假设缺乏独立的理论动机，仅能说明 PRO 的分布。而且，该假设需要三个规约性条件：一是 PRO 不具语音内容；二是空格必须赋予 PRO，而且只能赋予 PRO；三是只有 PRO 具有空格。这三个规约性条件只描述了事实，并未对现象做出解释。西于尔兹松（Sigurðsson，1991、2008）、托特（Tóth，2000）、米勒（Miller，2002）、达尔米（Dalmi，2005）、博埃克斯等（Boeckx, et al.，2010）、朗道（Landau，2006、2013）等的研究表明，空主语 PRO 是有格的，不仅可以核查格位，在部分语言中还可以表现出一致特征。

乔姆斯基（Chomsky，2000、2001）指出，提升结构和 ECM 结构都是有缺陷的核心功能范畴，且有缺陷的核心功能范畴可以包含［人称］或［数］特征，但不同时包含两者，因此不能进行核查并指派格位。而控制结构不定式子句 T 能核查 PRO 的格位，因为 T 可以具有人称和数的特征，如例（98）、例（99）。

（98） Ivan ste se opita[PRO da pomag-a na Anton].

Ivan will-3. SG RFL try PRT help-SUBJ. 3. SG to Anton

'Ivan will try to help Anton.'

（保加利亚语，Dalmi，2005：20）

（99） a. Gil hivtiax[še-PRO yitna'heg yafe].

Gil promised that will-behave. 3. SG. M well

'Gil promised to behave well.'

（希伯来语，Landau，2004）

b. Custou-me(*a) pro venderrem a casa.

Cost-me to sell. INF. 3PL the house

'It saddened me that they had to sell the house.'

（欧洲葡萄牙语，Martin & Nunes，2005）

例（98）中，保加利亚语中不定式子句动词具有第三人称单数特征，例（99）中，希伯来语的不定式子句动词具有第三人称单数特征，并具有阳性特征；欧洲葡萄牙语的不定式子句动词具有第三人称复数特征。这些句子中，子句空主语 PRO 核查动词的人称、性、数的特征。但问题在于控制结构的子句核心功能范畴 T 是否核查 PRO 的空格。研究表明，控制动词的不定式子句 T 可以指派 PRO 不同的格位，并且子句空主语的格位与控制语的格位并不一致。

（100） a. Ego Volo PRO esse bonus.

I. NOM want to-be good. NOM

'I want to be good.'

b. Ego iubeo te PRO esse bonum.

I. NOM order you. ACC to-be good. ACC

'I command you to be good.'

（拉丁语，Boeckx，et al.，2010:61）

（101） a. Ona poprosila ego ne PRO ezdit' tuda odnomu zavtra.

She. NOM asked him. ACC not to-go there alone. DAT tomorrow

'She asked him not to go there alone tomorrow.'

（俄语）

b. Ólaf hafði ekki gamman af PRO að vanta einan í veisluna.

Ólaf. NOM had not pleasure of to lack alone. ACC

to party. the

'Olaf didn't find it pleasurable to be absent alone from the party.'

(冰岛语)

(Landau,2013:27,74)

例（100）表明拉丁语子句 PRO 可以核查主格或宾格，并体现在子句动词之上。例（101a）中，俄语子句 PRO 核查为与格，体现在与主语连用的限制词 alone 上，并不与其先行语的宾格一致；例（101b）中，冰岛语子句 PRO 核查为宾格，体现在限制词 alone 上，并不与其先行语的主格一致。因此，笔者认为控制结构的不定式子句中心语 T 具有人称和数特征，可以核查子句空主语 PRO 的各种格位。"PRO 从不定式中心 T 获得空格"的假设并不成立；但定式子句 T 具有人称和数特征，不允准 PRO。

（102） Será dificil [que eles/ * PRO aprov-(* -ar-) em a proposta].

Will. be difficult that they approve-(* INF)-PRF. 3PL the proposal

'It will be difficult that they approve the proposal.'

(欧洲葡萄牙语,Miuer,2002:76)

例（102）中，定式子句带显性主语，子句动词带不定式后缀不合法。此外，提升结构的不定式 T 是否能核查格位呢？答案是肯定的。在格形态丰富的语言中，不定式子句主语的格位可以通过子句动词表现出来，即提升至宾语结构（raising to object，RtoO；也分析为例外受格结构，ECM）和主语提升结构（Raising to Subject Construction）的提升名词短语的格形态与子句谓词的格一致。

(103) a. Ólaf-ur telur stelpurn-ar(vera) hæfileikarík-ar].

Olaf-NOM considers girls-ACC be talented-ACC

'Olaf considers the girls(to be) talented.'

b. Ólaf-uri virðist[ti leiðinleg-ur].

Olaf-NOM seem-PRES. 3. SG boring-NOM/SG

'Olaf seems boring.'

(冰岛语,Dalmi,2005:164)

(104) a. Pavol považuje Mari-u za počtiv-ou.

Pavol considers Maria-ACC(FEM) for honest-ACC (FEM)

'Pavol considers Maria honest.'

b. $Maria_j$ sa mi da[t_j unaven-a].

Maria-NOM RFL me seems tired-NOM(FEM)

'Maria seems to me tired.'

(斯洛伐克语,Dalmi,2005:165)

例(103a)与例(104a)中,冰岛语提升至宾语结构中子句主语被指派宾格,与子句动词上的格形态一致,因此,在例(103b)与例(104b)的主语提升结构中,提升主语的格形态与子句动词上的一致。依此,提升动词的不定式子句限制子句主语的格位,而主句的定式提升动词并不改变其格位,而控制动词的情形则与此不同,其主句定式T可以指派主语主格,与子句动词所能指派主语的格位并不相同。

(105) a. Haraldj vill tj oft vanta peninga.

Harold. ACC will frequently lack money

‘Horald frequently tends to lack money.’

b. Haraldur/ * Haraldj vonast til PROj að vanta ekki peninga.

Harold. NOM/ * ACC hopes forto lack not money

‘Harold hopes not to lack money.’

（冰岛语，Thráinsson & Vikner，1995：60）

冰岛语中，例（105）的动词 vanta 所在的子句主语只能获得 Q 格，我们且称 vanta 为 Q 格动词。例（105a）中，提升情态助动词并未改变其子句主语的 Q 格；而例（105b）中，控制情态助动词指派主语主格，而与子句空主语 PRO 所获得的格位并不一致。

冰岛语 believe 类提升至宾语结构的研究也表明子句主语与子句 T 核查并获得格位，并且子句主语可以提升到定式主句主语位置，格位不发生改变。

（106） a. Hann telur barninu í barnaskap sínum hafa batnað veikin.

he. NOM believe the. child. DAT in foolishness his to. have recovered the. disease. NOM

‘He believes, in his foolishness, the child to have recovered from the disease.’

b. barninu er telur hafa batnað veikin.

The. child. DAT is believed to. have recovered the. disease. NOM

‘The child is believed to have recovered from the disease.’

（冰岛语，Davies & Dubinsky，2004：55）

例（106a）中，子句主语获得 Q 格动词 batnað 所指派的 Q 格，并不是主句动词指派的宾格。例（106b）中，主句动词的被动化形式抑制了主句主语，子句主语提升到主句主语位置，其 Q 格并未发生改变。

他加禄语中，提升情态助动词的子句主语提升到主句主语位置，不改变子句动词指派的 ANG 形态，而控制情态助动词的主语被指派 NG 形态，而并非其后 SA 动词指派的 ANG 形态。

（107） a. Kaya ng/ * ang lalaki bumili ng kotse.

can NG/ANG man SA-buy NG car

'The man can buy a car.'

b. Kailangan ang lalaki bumili ng kotse.

must ANG man SA-buy NG car

'The man must buy a car.'

（Asarina & Holt, 2005）

提升动词的不定式子句能核查子句主语的格位，那么是否不定式子句核心功能中心 T 具有人称和数的特征呢？博埃克斯等（Boeckx, et al., 2010: 69）在其注释中指出，基南德语（Kinande）中，主句动词和不定式子句动词都可以表现出人称、数和格特征的一致性，如例（108）。

（108） a. Tu-li-nga mo-tw-a-na-gend-ire.

IPS. be-if AFF. 1PS. T. INDEED. go. EXT

'We seem to have left.'

b. Ebitsungu bi-li-nga mo-by-a-huk-ir-w-e.

Potatoes. be-if AFF. T. cook. PASS. EXT

'The potatoes seem to have been cooked.'

巴西葡萄牙语中，不定式子句动词与名词短语可以进行一致核查，获得人称和数的特征。

（109） É difícil desses professores elogiarem alguém.

Is difficult of-these teachers praise. INF. 3PL someone

'It is difficult for these teachers to praise someone.'

（Nunes, 2008）

上述分析表明，控制动词的不定式子句核心功能范畴 T 并非指派空格，而是指派一般的格位，与定式子句指派的格位一致。理论上，控制动词的不定式子句和定式子句都具有时态特征，前者为隐性时态特征，后者为显性时态特征；都具有完整的人称和数的特征，属于无缺陷的核心功能中心，与名词短语进行核查并指派格位应该而且确实具有一致的表现。不同的是，不定式子句空主语 PRO 不具有词汇形态，而定式子句主语具有词汇形态。乔姆斯基认为，提升动词的不定式子句核心功能范畴具有缺陷，因此不能进行一致核查，子句主语也不能获得格位。这一假设不能解释上述经验事实。事实上，提升动词的不定式子句动词可以核查子句主语的格位，而且该格位在移位前后并不发生改变。一些语言中的不定式子句动词具有人称和数的特征，是与子句主语特征核查的结果。这表明"一致核查阻碍论元移位"的观点也须重新考察。

四、基于特征核查的修正的提升与控制理论假设

（一）基本假设

鉴于目前相关句法理论在解释提升与控制现象上都各存在理论或经验上的挑战，下文将结合情态助动词的相关研究成果，提出修正的提升与控制理论假设。笔者赞同西于尔兹松、朗道等学者关于控制动词的不定式子句核心功能范畴 T 能核查格位的假设，认为控制动词的不定式子句 T 能与子句空主语 PRO 进行一致核查并获得格位，一部分语言不定式子句动词具有显性的人称/性/数等特征，另一部分语言不定式子句动词则表现为隐性的人称/性/数特征。同时，下文仍然依据乔姆斯基（Chomsky，2000）提出的“EPP 特征驱动论元移位”的假设，但不同的是，笔者认为提升动词的不定式子句 T 能核查子句主语的格位，但不是空格，并且 CP 语段会阻碍论元移位。因此，笔者将提升与控制理论初步修正如下。

（110）提升理论：EPP 特征驱动不定式子句主语论元移位，遵循语段不可渗透原则。

（111）控制理论：PRO 属于格标记范畴，能与不定式中心 T 进行一致核查。

论证过程中，笔者将秉承最简理论的一些基本假设。

假设一：边缘特征与合并（Chomsky，2000）

合并操作限于词项之间，不处理特征。一个词项进入运算并与某个句法目标合并，必须具有某种特质允准这个操作。这种允准词项参与合并的特质称为边缘特征。词项与句法目标合并，词项形成｛词项，句法目标｝，其中，句法目标构成补足语。边缘特征存在三种形式：第一种是允准词项参与合并的边缘特征；第二种是驱动论元移位到 TP 指示语的 EPP 特征；第三种是驱动非论元移位到句子左边界的标准特征。

假设二：外部合并与内部合并（Chomsky，2000）

假设 X 与 Y 合并，生成｛X，Y｝。Y 或者不是 X 的一部分，或者是 X 的一部分。前者为外部合并，后者为内部合并。内部合并在｛X，Y｝中产生 Y 的两个拷贝，一个在 X 之外，一个在 X 之内。内部合并其实是移位的拷贝理论，严格遵循“不篡改条件”，即 X 和 Y 的合并不改变两个句法目标，不给它们添加新的特征。

假设三：合并与一致假设（Gallego，2010：39）

合并操作只针对词项，而不针对特征；一致操作只针对特征，而不针对词项。

假设四：核心功能范畴（Chomsky，2000、2001）

核心功能范畴指的是 C，T 和 v。这些功能范畴进入句法操作时具有不可诠释 Φ 特征（Φ 特征指的是性、数、人称三个名词性特征），必须在运算过程中删除。其中，T 和 v 从词库中出来就带有未赋值的 Φ 特征，因此可以作为探头寻找目标。

假设五：一致假设与一致条件（Chomsky，2001）

一致操作只针对特征，不针对词项。一致操作应用当且仅当：

A. 探头和目标在应用一致核查时都必须是活跃的；

B. 一致分为匹配和赋值两部分；

C. 探头必须包含完整的特征集以删除与之匹配的目标的不可诠释特征。

假设六：多重一致（Chomsky，2005）

目标与探头进行一致核查，通过目标内在的特征给探头赋值，并获得结构格特征。目标可以进行多次一致核查，并为所有匹配的探头赋值。

假设七：语段假设（Chomsky，2004：124）

语段应该是语义上和语音上连贯并对立的，包括 CP 和 v＊P。语义上，CP 和 v＊P 都属于命题结构：v＊P 具有完成的论元结构；CP 是最小的包含时态、事件结构和语力的结构。语音上，CP 和 v＊P 是相对独立的成分。

假设八：语段不可渗透条件（Chomsky，2000：108）

在以 H 为中心的语段 α 中，H 的域不允准语段 α 之外的操作进入，只有 H 和 H 的边缘成分可以进入相关操作。

假设九：包容条件（Chomsky，1995：228）

运算所形成的任何结构都是由已经呈现的词项成员组成，运算过程中不能加入新的句法目标，但词汇特征的重组除外。

假设十：循环转换（Chomsky，2004：107；2008：154-155）

运算以语段为单位进行循环转换。转换将窄句法的派生移交到语音和语义层，并且赋值和不可诠释特征的删除在转换时同时进行。

假设十一：反冲撞假设（Chomsky，2008：154-155）

赋值和删除不可诠释特征在循环转换时同时发生。

假设十二：论元链条件（Chomsky，1995：46）

一个论元链必须以格位为首，且必须以一个题元位置为终点。

假设十三：EPP 特征（Chomsky，2000：109）

核心功能范畴 T 的 EPP 特征是普遍存在的，不能通过合并语段之外的句法目标获得满足，必须通过语段内的移位获得满足。

（二）提升与控制结构的生成

基于上述假设，下面尝试以例（112）分析汉语的提升与控制情态助动词结构的句法生成，探讨其句法特征。

（112） a. 小明$_i$会 t_i去北京。

b. 小明$_i$肯 PRO_i去北京。

例（112a）中，提升情态助动词“会”的不定式子句 T 核查子句主语“小明”的格位，然后在内部合并到主句 TP 的指示语位置，核查 T 的 EPP 特征，句子成功收敛。例（112b）中，控制情态助动词“肯”的不定式子句 T 核查子句空主语 PRO 的格位，与主句主语“小明”同标。以例（112）为例，具体运算过程如下（“合并”代指“外部合并”，而将“内部合并”仍用全名）。

（113） 提升结构

a. 合并“去”和“北京”+ 题元指派：

[去北京]

b. 合并T：

[T[去北京]]

c. 合并“小明”+题元指派：

[小明[T[去北京]]]

d. 合并“会”：

[会[小明[T[去北京]]]]

e. 合并T：

[T[会[小明[T[去北京]]]]]

f. 内部合并“小明”：

[小明[T[会[小明[T[去北京]]]]]]

g. 底层拷贝删除：

[小明[T[会[~~小明~~[T[去北京]]]]]]

(114) 控制结构

a. 合并“去”和“北京”+题元指派：

[去北京]

b. 合并T：

[T[去北京]]

c. 合并“PRO”+题元指派：

[PRO[T[去北京]]]

d. 合并“肯”：

[肯[PRO[T[去北京]]]]

e. 合并T：

[T[肯[PRO[T[去北京]]]]]

f. 合并“小明”+题元指派：

[小明[T[肯[PRO[T[去北京]]]]]]

合并过程中，名词性成分被指派题元角色，并通过与核心功能中心 T 或 v 进行一致核查获得格位。内部合并过程中会形成拷贝，内部合并只针对词项，不涉及特征，因此拷贝成分允准携带不同的格位。内部合并只在语段内部进行，不能跨越 CP 语段。在循环转换阶段，论元链一般只拼读出最顶层的拷贝，而底层的拷贝删除。提升结构不同语段的内部合并过程如例（115）。

（115）提升结构的一致核查与内部合并过程(简化)

第一阶段：语段 v * P

a. 特征匹配

[$_{v*P}$ THEY [3. PL] v * [Φ] [$_{VP}$ defeat [HE] [3. SG]]]

b. 赋值

[$_{v*P}$ THEY[3. PL] v * [3. SG] [$_{VP}$ defeat[HE] [3. SG]]]

c. 格核查

[$_{v*P}$ THEY[3. PL] v * [3. SG] [$_{VP}$ defeat[him] [3. SG][ACC]]]

d. 循环转换

[$_{v*P}$ THEY[3. PL] v * [3. SG] [$_{VP}$ defeat[him] [~~3. SG~~][ACC]]]

第二阶段：语段 CP

a. 特征匹配与拷贝

[$_{CP}$ C[$_{TP}$ THEY[3. PL] T[Φ] [$_{VP}$ seem[$_{TP}$ THEY [3. PL] to[Φ] [$_{v*P}$ THEY[3. PL] v * [3. SG] [$_{VP}$ defeat[him] [~~3. SG~~][ACC]]]]]]]

b. 赋值

[$_{CP}$ C [$_{TP}$ THEY [3. PL] T [3. PL] [$_{VP}$ seem [$_{TP}$ THEY [3. PL] to [3. PL] [$_{v^*P}$ THEY [3. PL] v^* [3. SG] [$_{VP}$ defeat [him] [~~3. SG~~] [ACC]]]]]]]]

c. 格核查

[$_{CP}$ C [$_{TP}$ THEY [3. PL] [NOM] T [3. PL] [$_{VP}$ seem [$_{TP}$ THEY [3. PL] to [3. PL] [$_{v^*P}$ THEY [3. PL] v^* [3. SG] [$_{VP}$ defeat [him] [~~3. SG~~] [ACC]]]]]]]]

d. 拷贝删除

[$_{CP}$ C [$_{TP}$ THEY [3. PL] [NOM] T [3. PL] [$_{VP}$ seem [TP ~~THEY [3. PL]~~ to [3. PL] [$_{v^*P}$ ~~THEY [3. PL]~~ v^* [3. SG] [$_{VP}$ defeat [him] [~~3. SG~~] [ACC]]]]]]]]

d. 循环转换

[$_{CP}$ C [$_{TP}$ they [3. PL] [NOM] T [3. PL] [$_{VP}$ seem [$_{TP}$ ~~THEY [3. PL]~~ to [3. PL] [$_{v^*P}$ ~~THEY [3. PL]~~ v^* [3. SG] [$_{VP}$ defeat [him] [~~3. SG~~] [ACC]]]]]]]]

提升情态助动词不仅带 TP 补足语子句，也可以带 CP 补足语子句，但后者的子句主语不能移位到主句的主语位置，如例（116）。

（116） a. Bori [na ine sto ɣrafio tus].

Can-IMPERS that they are in the office their

'They may be in their office.'

b. Perpi na ine sto ɣrafio tus.

Must-IMPERS that they are in the office their

'They must be in the office.'

（希腊语，Palmer，2001：26）

例（116a）与例（116b）都是认识情态助动词带 CP 补足语子句，不同在于前者为可能性推测，而后者为极大可能性推测。根据乔姆斯基（Chomsky，2001）的研究，CP 属于强语段，阻碍子句主语论元移位到主句主语位置。因此，主句主语位置插入空形式主语，核查主句中心语 T 的一致特征，满足 T 的 EPP 特征，所以提升情态助动词表现为非人称动词形态。本章遵循该假设，认为 CP 语段按照语段不可渗透条件不允准论元移位，但非语段的 TP 则允准。如果不定式子句不是 CP 子句，不包含强语段中心 C，并且主句主语位置没有合适的论元合并，那么子句主语可以提升到主句主语位置核查主句 T 的一致特征，满足 T 的 EPP 特征。

（118） a. eles$_i$/pro$_i$ parece-m [t_i estar felizes]
They appear-3. PL be. INF happy. PL
'they appear to be happy.'
b. parece[eles/pro estar felizes].
appear-3. SG they be. INF-3. PL happy. PL
'they appear to be happy.'
（巴西葡萄牙语，Miller，2002：82-83）

（119） a. Mary$_i$ was believed ~~Mary~~$_i$ to be polite.
b. Mary$_i$ was proved ~~Mary~~$_i$ to be an idiot.

例（118）中，提升动词没有外部论元合并，不定式子句主语与提升动词进行一致核查，并提升到主句 TP 的指示语位置满足 T 的 EPP 特征；如果提升动词与空形式主语 e 合并，获得第三人称单数特征，则不定式子句主语不提升。例（119）中，子句主语与子句不定式中心 T 进行一致核查，再与主句动词合并为 VP。因为主句动词的外论元被抑制，因此，主句定式中心 T 不能通过外部合并进行一致核查，只能通过与子句主语的内部合并进行一致核查，子句主语提升到主句 TP 的指示语位置，满足 T 的 EPP 特征，句子成功收敛。以（119a）为例，具体运算过程如例（120）所示。

（120）a. 合并 polite 和 be：

[be polite]

b. 合并 T to：

[to[be polite]]

c. 合并 Mary + 题元指派：

[Mary[to[be polite]]]

d. 合并 believed：

[believed[Mary[to[be polite]]]]

e. 合并 was：

[was[believe[Mary[to[be polite]]]]]

f. 内部合并 Mary：

[Mary[was[believe[Mary[to[be polite]]]]]]

g. 底层拷贝删除：

[Mary[was[believe[~~Mary~~[to[be polite]]]]]]

霍恩斯坦等（Hornstein, et al.，2005：279）指出移位操作是最后策略。具体定义如例（121）。

(121) 最后策略

移位操作被允准当且仅当移位操作允许删除不可诠释的形式特征。

含有形式主语 there 的提升结构中，there 只具有范畴特征，并不具有格和 Φ 特征，因此 there 只能满足 T 的 EPP 特征，但主句动词的 Φ 特征通过与其成分统治的最近名词性成分进行一致核查。

（122） a. * There$_i$ seems[~~there$_i$~~ to ~~there$_i$~~ be many students in the classroom].

b. There$_i$ seem [~~there$_i$~~ to ~~there$_i$~~ be many students in the classroom].

例（122b）中，不定式子句主语 there 不具有格和 Φ 特征，因此不会阻碍主句动词与子句名词性成分 many students 进行特征匹配并赋值，并且子句主语 there 没有 CP 语段阻碍，可以提升到主句 TP 的指示语位置，满足主句 T 的 EPP 特征。

依此，移位操作是满足 T 的 EPP 特征，而不是删除不可诠释特征。最后策略修正为如例（123）所示。

（123） 最后策略（修正）

移位操作被允准当且仅当 T 的 EPP 特征未获得满足。

依此，句法运算能通过外部合并解决就不运用最后策略。如果子句为定式 CP 子句，CP 为强语段，会阻碍子句主语提升和一致核查。主语 T 如果不能通过与名词性成分合并满足 T 的 EPP 特征，句子就不合法。

（124） a. * There seem [that Many students$_i$ are ~~Many students$_i$~~ in the classroom].

b. It seems [that Many students$_i$ are ~~Many students$_i$~~ in the classroom].

例（124a）不合法在于主句动词 T 的 Φ 特征不能越过 CP 语段与子句主语进行一致核查，所以不合法。而例（124b）表明英语形式主语 it 可以核查主句动词 T 的 Φ 特征并满足其 EPP 特征。

此外，提升至宾语结构中，英语 believe 类动词的子句主语不允准空主语 PRO，区别于罗曼语语言。塞乌伦（Seuren，2004：206）指出，虽然英语 believe 类动词不允准空主语 PRO，但德语、法语、意大利语等允准。

（125） a. * $John_i$ believed PRO_i to be polite.

b. * $John_i$ proved PRO_i to be an idiot.

（125） a. $Johann_i$ glaubt PRO_i intelligent zu sein.（德语）

John believe intelligent to be-INF

'John believed to be intelligent.'

b. $Jean_i$ croit PRO_i tre-INF intelligent.（法语）

John believe be intelligent

'John believed to be intelligent.'

c. $Gianni_i$ crede PRO_i di essere intelligente.（意大利语）

Gianni believe to be-INF intelligent

'John believed to be intelligent.'

上述例子表明，句法机制并不排除 believe 动词的子句带空主语 PRO。但罗曼语 believe 类动词的非定式子句一般不允准词汇主语（Kayne，1981；转引自 Gallego，2010：171）。

（126） a. * Gianni riteneva Mario essere una brava persona.（意大利语）

Gianni consider-PST-3. SG Mario be-INF a good person

'Gianni believed Mario to be a nice person.'

b. * Jeani croit Robert être stupide.（法语）

John believe-3. SG Robert be-INF stupid

'John believed Robert to be stupid.'

c. * Crec in Joan ésser un bon xicot.（加泰罗尼亚语）

Believe-1. SG the John be-INF a good boy

'I believed John to be a good boy.'

这些语言中的 believe 类动词可以允准疑问代词，并且必须提升到句子的左边界（Torrego，1998：52；转引自 Gallego，2010：172）。这与英语 believe 类动词一致。

（127） a. Quel garçon crois-tu etre le plus intelligent de tous?（法语）

What boy believe-2. SG-you be-INF the most intelliegent of all

'Which boy do you believe to be the most intelligent of all?'

b. Qué problema crees ser irresoluble?（西班牙语）

What problem believe-2. SG be-INF irresolvable

'Which problem do you believe to be irresolvable?'

（128） a. Who do you believe to be the most intelligent student?

b. Which problem do you believe to be irresolvable?

欧洲葡萄牙语中，believe 类动词允准不定式子句带词汇主语，并可以进行一致核查，如例（129a），也允准代词主语脱落，如例（129b）。

（129） a. Eu penso/afirmo [ter-em os deputados trabalhado pouco].

I think/claim have. INF-3PL the deputies worked. sgM little

'I think/claim the deputies have worked little.'

b. Creio[pro estar-em/ * estar preparedos]

Believe. 1SG be. INF-3PL prepared. PL. M

'I believe them to be prepared.'

(Miller, 2002:79)

上述分析表明非定式子句 T 可以核查子句空主语或词汇主语的格位，但在不同的语言中表现出参数差异。英语 believe 类动词的非定式子句 T 可以核查词汇主语和疑问代词的格位，不允准空主语 PRO；而其他语言可以核查空主语 PRO 或疑问代词的格位，但不允准词汇主语。现代汉语中，“相信”类动词不允准空主语 PRO，允准词汇主语和疑问代词。

(130) a. 小明$_i$相信 *（他$_{i/j}$）是他们班最聪明的男孩子。

b. 你认为 *（谁）是他们班最聪明的男孩子？

believe 类动词不仅对子句主语的形态有限制，而且对子句的事件类型也有限制，不允准活动事件，如例（131）。但助动词或情态助动词可以改变子句事件类型，从而获得允准，如例（132）。

(131) a. * 吴妈相信阿 Q 偷萝卜。

b. * I believe John to play basketball.

c. * Qué alumno crees leer tantos libros?（西班牙语）

What student believe-2. SG read-INF so-many books

'Which student do you believe to read so many books?'

（132）a. 吴妈相信阿Q有偷萝卜。/吴妈相信阿Q不可能偷萝卜。

b. I believe John to have been playing basketball.

c. Qué alumno crees poder leer tantos libros?（西班牙语）

What student believe-2. SG can-INF read-INF so-many books

'Which student do you believe to be able to read so many books?'

此外，英语 believe 动词的被动态会改变提升主语的格位，这不同于冰岛语中的提升类动词。

（133）a. She_i was believed her_i to t_i be polite.

b. She_i was proved her_i to t_i be an idiot.

朗道（Landau，2013：19）指出提升动词允准 TP，而不允准 CP，因为 CP 节点会阻断论元移位。他认为这可能与语段不可渗透条件相关。朗道指出在具有歧义的提升结构中，提升动词不允准子句标句词，而控制动词允准。

（134）a. Rinai xadla[(me-)PROi le'acben et Gil].

Rina stopped from to. irritate ACC GIL

'Rina stopped irritating Gil.'

b. Ha-muzika ha-ro'sšeti xadla[(* me-) ti le'acben et Gil].(希伯来语)

The-music the-noisy stopped from to. irritate ACC Gil

'The loud music stopped irritating Gil.'

希伯来语中动词 xadla 属于体动词，可以是提升动词，也可以是控制动词。当该动词带有生主语，为控制动词；带无生主语，为提升动词。不定式标记词只能出现在 xadla 带有生主语的句子中，不能出现在带无生主语的提升动词 xadlaw 的句子中。类似的限制也出现在罗马尼亚语的虚拟补足语子句中。提升补足语不能与标句词 ca 组合，控制补足语的标句词 ca 则强制出现。

(135) a. Vreau *(ca) mâine să vină Ion.

Want. 1SG COPM tomorrow PRT come. 3SG. SUBJ John

'I want John to come tomorrow.'

b. * Copiii tăi par ca pe profesor să fie supăraţi.

The. children your seem COMP PE Professor PRT be. 3PL. SUBJ angry

'Your children seem to be angry with the teacher.'

c. Copiii tăi par să fie supăraţi pe profesor.

The. children your seem PRT be. 3PL. SUBJ angry PE Professor

'Your children seem to be angry with the teacher.'

根据上述分析，提升理论可以进一步修正为：

(136) 提升理论：动词的不定式子句中心 T 可以核查子句主语的格位，EPP 特征驱动不定式子句主语论元移位，遵循语段不可渗透原则。

依此，笔者将尝试解释汉语认识情态助动词的强制与非强制提升现象。

（137） a. 应该[$_{CP}$他去上海了]。

b. 小明 i 会[$_{TP}t_i$去上海]。

例（137a）中认识情态助动词带 CP 子句补足语，子句主语受语段 CP 的阻碍，不能提升到主句 TP 的指示语位置核查主句 T 的一致特征，并满足 T 的 EPP 特征，因此只能使用最后策略，插入隐性的形式主语以核查主句 T 的一致特征，并满足其 EPP 特征，句子成功收敛。因此，这类认识情态助动词属于非强制提升动词，情态助动词可以位于句首。例（137b）中，认识情态助动词带 TP 子句补足语，子句主语不能在子句核查其格特征，强制提升到主句 TP 的指示语位置核查其格特征，并满足主句 T 的 EPP 特征。因此，这类认识情态助动词属于强制提升结构，情态助动词不能位于句首。

就控制结构而言，控制动词一般带 TP 子句，不允准标句词。

（138） a. $John_i$ tries[$_{CP}$(* for) [$_{TP}$PRO$_i$ to win the game]].

b. John persuaded the $doctor_i$[$_{CP}$(* for) [$_{TP}$ PRO$_i$ to examine Bill]].

控制动词 want 带 TP 子句补足语，当子句主语为空主语 PRO 时，不允准子句出现标句词 for。但当子句主语为词汇主语，want 可以允准标句词 for，子句标句词 for 省略并不影响句子的合法性。

（139） a. John wants(* [$_{CP}$ for) [$_{TP}$ PRO to win the game]].

b. John prefers(* [$_{CP}$ for) [$_{TP}$ PRO to win the game]].

（140） a. John wants[$_{CP}$(for) [$_{TP}$ her to win the game]].

b. John prefers[$_{CP}$(for) [$_{TP}$ her to win the game]].

英语控制结构只允准 TP 子句，不允准标句词 for。但有些语言中，控制结构是否允准不定式 CP 子句受动词的类型决定，如土耳其语。

（141） a. Jan_i zei (tegen) $Piet_j$ [(* om) $PRO_{i/j}$ direct te vertekken].

Jan said to Piet for immediately to leave

'Jane said to Piet that Jane would leave immediately.'

'Jane said to Piet that Piet should leave immediately.'

b. Jan_i beloofde $Marie_j$ [om $PRO_{i/*j}$ meteen naar huis te komen].

Jan promised Marie for at once to house to come

'Jane promised Marie to come home at once.'

(Landau, 2013: 37)

例（141a）中，不定式子句标句词 for 不出现，子句空主语 PRO 既可以指向主句主语，也可以指向主句宾语；而例（141b）中，子句标句词出现时，子句空主语只能指向主句主语。控制结构是允准不定式 CP 子句还是 TP 子句与特定的语言和动词类型相关，但标句词 C 影响空主语 PRO 与其先行语之间的选择与解读。

综上，基于特征核查的控制假设可以修正为：

（142）控制理论：PRO 属于格标记范畴，能与不定式中心 T 进行一致核查，但子句标句词 C 影响空主语 PRO 与其先行语之间的选择与解读。

该假设不仅解释了不定式子句动词对句子主语的格位影响，空主语 PRO 的格位与先行语格位的不一致现象，还解释了不定式 CP 子句与 TP 子句对论元移位的阻碍现象，从理论上摆脱了 ECM 假设或提升至宾语假设，但仍维持了带不定式子句的三类结构。

第一类，控制结构：DP+及物动词+PRO+TP_{Inf}；

第二类，ECM 结构：DP+及物动词+DP+TP_{Inf}；

第三类，提升结构：Ø+不及物动词+DP+TP_{Inf}。

这三类结构的不定式子句可以是 CP 子句，也可以是 TP 子句。控制结构对不定式 CP 子句的允准具有语言的差异，即允准不定式 CP 子句的语言，C 的省略与否受具体动词的制约。提升结构和 ECM 结构带 CP 子句，CP 语段阻碍子句主语的论元移位。

（143） a. John$_i$ expected for him$_j$ to graduate soon.

b. * He$_i$ was expected for him$_i$ to graduate soon.

c. He$_i$ was expected him$_i$ to graduate soon.

（144） a. It is likely for him$_j$ to win.

b. * He$_i$ is likely for him$_i$ to win.

c. He$_i$ is likely him$_i$ to win.

（145） a. It$_i$ seems t$_i$ to be likely that John will graduate soon.

b. John$_i$ seems ~~John$_i$~~ to be likely ~~John$_i$~~ to graduate soon.

c. * John$_i$ seems that it is likely ~~John$_i$~~ to graduate soon.

根据乔姆斯基（Chomsky，2000、2001），C 和 v * 包含了所有一致特征的位点，T 和 V 上的继承了 C 和 v * 的一致特征，显示出一致特征。定式子句 T 继承 C 的完整的不可诠释特征，与子句主语进行特征匹配并核查子句主语的格位，子句 C 阻碍子句主语的论元移位，但并不阻碍其进入下一阶段的一致操作。

(146) a. * She_i is possible [$_{CP}$ that [$_{TP}$ She_i is in the office now]].

b. * She_i is possible [$_{CP}$ [$_{TP}$ She_i is in the office now]].

综上所述，笔者假设提升与控制理论如下所示：

提升理论：动词的不定式子句中心 T 可以核查子句主语的格位，EPP 特征驱动不定式子句主语论元移位，遵循语段不可渗透原则。

控制理论：PRO 属于格标记范畴，能与不定式中心 T 进行一致核查，但子句标句词 C 影响空主语 PRO 与其先行语之间的选择与解读。

基于特征核查的提升与控制假设，不仅解释了不定式子句主语的格位现象，在理论上不需要借助提升至宾语假设和 ECM 假设，统一解释了不定式子句的相关句法现象。但该假设还有一系列问题有待进一步探讨。

(三) 相关问题的进一步讨论

一是不定式中心 T 与定式中心 T 在格位核查上是否不同？如果有？差异是什么？词汇主语与 PRO 在分布上是否有差异？

根据特拉尼森和维克纳 (Thráinsson & Vikner, 1995)、沃姆布兰德 (Wurmbrand, 1999)、艾德 (Eide, 2002)、安德森 (Anderson, 2006)、朗道 (Landau, 2013、2015) 等研究成果，不同语言的不定式中心 T 能指派的格位受子句谓词的影响，各不相同，既有主格、宾格，也有属格、与格，可见并非乔姆斯基从理论上推导的空格。有些语言的子句空主语 PRO 的格特征可以体现在子句动词的一致特征上或与能体现主语格位的漂移量词、反身代词、强调代词等上。

（147） a. Pedru-wan Maria mch'a-na-ku-y-ta muna-nku.

Pedru-COM Maria kiss-REC-RFL-INF-ACC want-3. PL

'Pedro and Maria want to kiss each other.'

［盖楚瓦语（Quechua），Van der kerke，1998：202］

b. Nga-s kho-r bshad = rgyu khas = len byas-pa yin.

I-ERG he-LOC tell-NOM promise do-NMLZR AUX. PRF. CONJNCT

'I promised to tell him.'

（藏语，Delancey，2003：284；转引自 Anderson，2006：56-57）

（148） a. Strákarnir vonast til PRO að verða aðstoðaðir/ * aðstoðað.

The. boys. NOM hoped for to be aided. NOM. PL/ * DEF

'The boys hope to be aided.'

b. Strákarnir vonast til PRO að verða hjálpað/ * hjálpaðir/ * hjálpaðum.

The. boys. NOM hoped for to be helped. DEF/ * NOM. PL/ * DAT. PL

'The boys hope to be helped.'

c. Strákarn-a langaði til PRO að komast all-ir í veisluna.

The boys-ACC wanted for to get all-NOM to party

'The boys all wanted to get to the party.'

d. Strákarn-ir vonuðust til PRO að komast all-ir í veisluna.

The boys-NOM hoped for to get all-NOM to party

'The boys all hoped to get to the party.'

（冰岛语，Sigurðsson，1991）

例（147a）中，子句动词为不定式，并且显示出宾格，表明子句动词与子句空主语 PRO 进行一致核查，赋予 PRO 宾格。例（147b）中，子句动词带主格标记，而逻辑主语 I 带作格标记，表明子句动词与子句空主语 PRO 进行一致核查，赋予 PRO 主格。例（148a）中，不定式子句动词显示出一致的数特征和主格特征，表明子句动词与子句空主语 PRO 进行了一致核查，赋予 PRO 主格。例（148b）中，不定式子句动词显示出斜格特征，即 PRO 获得了斜格，并区别于主句主语的主格特征。例（148c-d）表明不定式子句空主语 PRO 与子句 T 进行特征匹配，并移位到 TP 的指示语位置满足 T 的 EPP 特征。PRO 被赋值为主格，表现在全称量词的主格标记上。

不定式动词既可以允准 PRO，也可以给词汇主语指派格位。

（149） a. $Amma_i$ kuttik'k'ə/$PRO_{i/*j}$ wisākk-aan aagrāhiccu.

mother. NOM child. DAT be. hungry. INF wanted

'The mother wanted the child/PROi/ * j to be hungry.'

（马拉雅拉姆语，Mohanan，1982）

b. Vasu/$PRO_{i/*j}$ poori porikk-a Raman maavu vaangi-n-aan.

Vasu. NOM pooris. ACC try. INF Raman. NOM flour. ACC buy-PST-3SG. M

'Ramani bought flour for Vasu/PRO$_{i/*j}$ to try pooris.'

（泰米尔语，Sundaresan & Mcfadden，2009）

但这是否意味着不定式中心 T 与定式中心 T 在指派格位上完全一致呢？以英语为例，英语不定式子句 T 可以核查子句主语宾格，而定式子句 T 核查子句主语主格。不定式 CP 子句由标句词 for 引导，而定式 CP 子句由标句词 that 引导。

（150） a. It is possible[$_{CP}$ that[$_{TP}$ she is in the office now]].

b. It is necessary [$_{CP}$ that [$_{TP}$ she is in the office now]].

（151） a. It is possible [$_{CP}$ for [$_{TP}$ her to be in the office now]].

b. It is necessary [$_{CP}$ for [$_{TP}$ her to be in the office now]].

不定式子句 T 允准空主语 PRO 和词汇主语，但定式 T 不允准空主语 PRO。

（152） a. She$_i$ wants[$_{TP}$ PRO$_i$ to be a doctor]].

b. She$_j$ wants[$_{TP}$ John$_i$ to be a doctor]].

（153） a. * John hopes [$_{CP}$ that [$_{TP}$ PRO$_i$ is in the office now]].

b. * PRO$_i$ is in the office.

根据上述分析，笔者假定：

（154）PRO 的分布准则

PRO 只允准出现在非定式子句的主语位置，不允准出现在定式子句的主语位置。

但为什么空主语 PRO 不能出现在定式子句结构中？这与子句核心功能范畴 T 和 v * 的属性有关。乔姆斯基(Chomsky, 2001）指出，提升结构和 ECM 结构的子句核心功能范畴为有缺陷的功能中心（defective Core Functional Categories)，其 Φ 特征包含人称或数，但不同时包含二者。而定式子句的核心功能范畴 T 的 Φ 特征包含人称和数，没有特征缺陷。笔者假设特征无缺陷的核心功能范畴 T 只允准词汇主语，不允准 PRO，而特征有缺陷的核心功能范畴 T 既允准词汇主语，也允准 PRO。但二者在核查子句主语的格位并无差异，不同之处在于核心功能范畴 C 会阻碍子句主语的论元移位。

二是不定式子句中心 T 能核查格位会对最简理论产生什么影响？

乔姆斯基和拉斯尼克（Chomsky & Lasnik, 1993）假设控制动词的不定式子句空主语 PRO 具有空格是基于 PRO 和 DP 都不能从一个有格的位置移入另一个有格的位置。

（155）a. * It is unfair[PRO_i to talk about t_i].

b. * It is unfair[$John_i$ to talk about t_i].

但例（155）不合法的原因有很多，并非格的问题。介词短语 about 悬空也是导致句子不合法的原因之一。霍恩斯坦等（Hornstein et al., 2005: 122）分析认为 PRO 多重格现象不合法，其所举例句也存在同样的介词悬空问题。

（156）a. It is rare[PRO_i to be elected t_i in these circumstances].

b. * It is rare[PRO_i to seem to t_i that the problems are insoluble].

(157) a. * $John_i$ is likely[t_i to talk about e].

b. * It_i seems to[t_i that the problems are insoluble].

假设不定式主句主语位置能核查格位，那么 DP 从一个有格的位置移位到另一个有格的位置并无障碍，而且 PRO 并不阻碍论元移位。

(158) a. It is hard[PRO_{arb} to please $John_i$].

b. $John_i$ is hard[PRO_{arb} to please t_i].

博埃克斯等（Boeckx, et al., 2010: 17）指出空格理论还需解释：为什么控制结构的不定式 to 可以允准 PRO，而 ECM 结构和提升结构不能？即如何独立区分不定式 to 能核查空格，而 ECM 结构和提升结构不能？

(159) a. $John_i$ hopes[PRO_i to graduate soon].

b. $John_i$ persuade $Bill_j$[PRO_j to come].

(160) a. * I_i believe[PRO_i to be a graduate soon].

b. * It seems[PRO_i to graduate soon].

假设不定式功能中心 T 能核查空主语 PRO 的格位，例（160a）不合法是源于英语动词 believe 的独特用法，德语、法语、意大利语的 believe 都可以有这种用法。英语 ECM 结构的不定式子句 T 并非不能核查格位，但只能核查词汇主语的宾格，不同于德语、法语等。例（160b）中，seem 并非允准任意控制结构的动词，其子句不定式空主语 PRO 没有最近成分统治它的控制语，所以不合法。

提升动词的不定式子句也可以核查子句词汇主语的格位，CP 语段会阻碍子句词汇主语提升到主句主语位置，但主句 T 能与形式主语 it 进行特征匹配，满足主句 T 的 EPP 特征，完成句法运算。如果子句为 TP 子句，则主句 T 可以通过内部合并子句主语以满足主句 T 的 EPP 特征。

（161） a. It_i is likely[CP for him to be a graduate soon].

b. It is easy[CP for him to graduate soon].

（162） a. He_i is likely[TP him_i to be a graduate soon].

b. He is easy[(* for) him_i to graduate soon].

同一个名词短语的论元移位可以多次核查格位，造成一个论元链同时具有多个格。这在理论上是可行的。根据循环转换，运算以语段为单位进行循环转换。转换将窄句法的派生移交到语音和语义层，并且赋值和不可诠释特征的删除在转换时同时进行。依此，拷贝操作只针对与其一致特征匹配的目标，因为内部合并并未跨越语段，所以目标的格特征并未赋值。在循环转换阶段，可以拼读出最顶层的拷贝，也可以是其他位置的拷贝。但最顶层的拷贝优先拼读是普遍准则，与大脑的信息储存机制相关，而拼读出低层拷贝跟特定的语言机制相关，属于高度标记现象。

依此，像 believe 这类动词的不定式子句中心 T 可以指派子句主语宾格，当这类动词的被动化抑制了主句主语论元，子句主语就可以通过内部合并到主句主语位置，并形成一个拷贝。但提升的子句主语并不携带格特征，而是因此与主句中心 T 进行一致核查并获得主格特征。在拼读之后，最顶层的拷贝拼读出来，而底层携带宾格特征的拷贝被删除。

（163） a. Mary. NOM_i was believed [TP Mary. ACC_i to be polite].

b. Mary. NOM_i was proved[TP Mary. ACC_i to be an

idiot].

(164) a. She$_i$ was believed her$_i$ to be polite.

b. She$_i$ was proved her$_i$ to be an idiot.

提升情态助动词的格位指派与拷贝删除也与此相同。

(165) a. Harald$_i$/ * Haraldur verður Haraldi að lika hamborgarar.

Harold-DAT * Harold-NOM must to like hamburgers

'Harold must like hamburgers.'

b. Umsækjandann verður Umsækjandann að vanta peninga.

The-applicant-ACC must to lack money

'The applicant must lack money.'

(冰岛语, Wurmbrand, 1999)

上述拷贝操作假设并不与乔姆斯基和拉斯尼克（Chomsky & Lasnik, 1993: 46）提出的论元链条件相冲突。稍有不同的是，笔者认为论元链的终点的题元位置也可以拥有格位，只是特征赋值发生在循环转换阶段，因此其格特征并未拼读出来。论元的移位受功能中心 T 的 EPP 特征驱动，子句主语与子句 T 的特征匹配并不阻断其论元移位。其实乔姆斯基和拉斯尼克的论元链条件并不排斥终点位置可以是格位，而只强调必须是题元位置。

不定式子句主语与子句核心功能范畴 T 先进行特征匹配，如果子句为 CP 子句，则子句主语会进行拼读出格位，不能再进入下一轮的内部合并。根据一致条件，探头与目标应用于一致操作时必须都是活跃的，即句法目标上存在不可诠释特征（未赋值特征）。子句主语在子句核查后获得格位，变得不活跃，不能再进行一致核查，因此与主句 T 进行内部合并便不可能实现。这也是为什么乔姆斯基（Chomsky，2001）认为提升与 ECM 结构的不定式子句功能中心 T 都是有缺陷的，不能与子句主语进行特征匹配并核查格位，因此需要提升到主句主语或宾语位置核查格位。

但 ECM 动词和提升动词的研究表明，不定式 T 可以与子句主语进行特征匹配，并且具备赋值的能力。如果不定式子句为 TP 投射，子句不进入循环转换，直接进入下一阶段的运算，子句主语可以与主句 T 进行特征匹配并满足主句 T 的 EPP 特征。如果子句为 CP 语段会发生循环转换，不定式子句主语获得格位，不能进入下一阶段的内部合并。但乔姆斯基（Chomsky，2000：127）也指出，当 DP 获得格位就会变得不活跃，但这并不影响其与探头之间的匹配，即 DP 的可诠释特征对于句法操作仍是可见的。这样，探头与目标之间的匹配就遵循最小连接条件（minimal link condition），即探头不能跨越该 DP 与下一个目标进行匹配。

三是 CP 语段阻碍论元移位。

不少语言的定式子句主语与子句 TP 进行特征匹配并核查格位后，可以停留在子句主语位置不进入下一阶段的运算，但也允许跨越 CP 语段进入下一阶段的内部合并操作。

（166） a. Parece/acabou que os estudantes viajaram mais cedo.

Seem. 3SG/Finished. 3SG that the students traveled. 3PL more early

‘ It eeems/turned out that the students traveled earlier.'

b. Os estudantes parecem/acabaram que viajaram mais cedo.

The students seem. 3PL/finished. 3PL that traveled. 3PL more early

'The students seem to have traveled earlier/The students ended up traveling earlier.'

（巴西葡萄牙语，Nunes，2008）

（167） a. S-a nimerit[TP sa̧ e fie toti doctorii de acord].

RFL-have-3. SG happened SUBJ be-3. PL all doctors of agree

'It has happened that the doctors should all agree.'

b. S-a nimerit [CP ca̧ toti doctorii sa̧ e fie toti doctorii de acord].

RFL-have-3. SG happened that doctors SUBJ be-3. PL all of agree

'It has happened that the doctors should all agree.'

c. Toti doctorii s-au nimerit[MP sa̧ fiei toti doctorii ti de acord].

All doctors RFL-have-3. PL happened SUBJ be-3. PL of agree

'All the doctors have happened to agree.'

（罗马尼亚语，Motapanyane，1991：58；转引自 Dalmi，2005：44）

例（166）中巴西葡萄牙语的提升结构允准主句 T 与空形式主语 it 合并，核查主句动词的 Φ 特征，并满足 T 的 EPP 特征。但巴西葡萄牙语提升结构的定式 CP 子句的主句移位到了主句主语位置。例（167a-c）中，罗马尼亚语提升动词带虚拟的TP子句，子句主语与子句动词合并，进行特征匹配，不移位到主句主语位置。主句T通过与空形式主语e合并，核查主句动词的Φ特征，并满足T的EPP特征，句子成功收敛。子句主语也可以移位到主句主语位置，主句动词核查为第三人称复数特征。但例（167b）提升动词带虚拟CP子句，子句主语移位到子句动词之前，满足子句T的EPP特征。受CP语段阻碍，不能提升到主句主语位置。主句T通过与空形式主语e合并，核查主句动词为第三人称单数，并满足T的EPP特征，句子成功收敛。

这对于最简理论是重大的挑战。首先，语段理论首当其冲。子句核心功能中心T并无缺陷，可以核查子句主语的格位。如果不是句法以外的机制作用，子句CP语段拼读后，根据语段不可渗透条件，中心语C以后的句法成分不能进入下一阶段的运算。如果是CP子句的主语移位到主句主语位置，这与语段不可渗透条件相冲突。其次，乔姆斯基提出的“一致条件”也不能解释论元从一个格位置移位到另一个格位置。显然，上述语料表明子句主语已经进行一致核查并获得格位，应该不属于活跃的句法目标，但子句主语进入了下一阶段的内部合并。博埃克斯等（Boeckx, et al.，2010：71-72）认为，两者的差异与定式子句Φ特征的缺陷有关，认为子句核心功能中心T的Φ不完整，子句主语与子句T进行一致核查；T的数特征被赋值并满足了EPP特征，但并未核查子句主语的格位，子句主语移位到特征完整的主句T的指示语位置，核查主句T的人称和数特征，满足T的EPP特征，并且核查了格位。最后，子句T的数特征和其未赋值的人称特征进入循环转换时，给人称特征赋予缺省的第三人称。但问题在于如果子句 T 有缺陷，则不能应用于一致条件，充当探头，也就不能与子句主语进行特征匹配并对 T 的特征进行赋值。因此，其对子句 T 的特征核查的论断值得商榷。

笔者认为，一种可能的解释是子句主语并未移位，而是与主句主语同标而发生了脱落，是脱落的空主语 pro。瓦罗科斯塔（Varlokosta，1993，转引自 Landau，2013：92）指出希腊语的虚拟子句也允准子句主语脱落。

（168） O Yanis elpizi na figi(o Giorgos).

The John. NOM hopes PRT leave. 3. SG the George. NOM

'John hopes to leave. /John hopes that George would leave.'

还有一种可能的解释是这类操作不属于论元移位的内部合并，而是属于非论元移位的内部合并。里奇（Rizzi，2006：126）指出每一种边界操作都是由某个独特的标准特征引发。假设里奇所提出的标准特征属于驱动非论元移位的边缘特征（Chomsky，2008），子句主语跨 CP 语段的移位跟这些标准特征相关，其所触发的移位不受 CP 语段阻碍。如汉语非强制提升情态助动词结构，定式子句主语受语用机制的作用可以移位到句首，子句宾语也可以移位到句子的左边界，形成双话题结构。

（169） a. 可能小明已经去了上课。

b. 小明可能已经去了上海。

c. 上海，小明可能已经去了。

希腊语中，道义和动力情态助动词可以带定式子句，但句子主语可能与主句情态助动词进行一致核查，也可能不进行，如例（170）。

（170） a. Ta peðjá eit borí na fiɣun ávrio.

The children BORO-3SG-PRS-IMPRF that leave-3PL+PRS-PRF tomorrow

'The children may leave tomorrow.'

b. Ta peðjá borún na pro fiɣun ávrio.

The children BORO-3PL-PRS-IMPRF that leave-3PL+PRS-PRF tomorrow

'The children may/can leave tomorrow.'

（希腊语，Palmer，2001：87）

例（170a）中，道义情态助动词带定式 CP 子句，子句主语 Ta peðjá 与定式子句 T 进行特征匹配并核查其一致特征，获得格位，但子句 CP 阻碍了子句主语移位，因此主句 TP 选择与空形式主语 eit 合并并核查其一致特征，表现为第三人称单数。子句主语虽不能论元移位到主句主语位置，但受标准特征的驱动，通过非论元移位提升到句子的左边界，形成表面上看上去极不协调的复数 DP 带单数定式动词的现象。例（170b）中，情态助动词带定式 CP 子句，可以解读为道义或动力情态助动词，属于主语脱落结构。具体分析如下：子句主语与定式子句 T 进行特征匹配并核查其一致特征，获得格位；主句 T 与主句主语 Ta peðjá 进行特征匹配并核查其格位。所以，主句和子句动词都表现出第三人称复数的名词性特征，但子句主语在句法运算结束后脱落。

四是后向控制结构。

后向控制结构表明不定式子句中心 T 可以指派格位。因为词汇主语与 PRO 具有相同的语义特征，不定式子句与词汇主语合并，而主句动词则与空主语 PRO 合并。

（171） a. PRO Nesā nesir [Ibrahin-ā halmaɤ-or ɤutku rod-a] Ø-oq-si.

REFL. 1. DAT Ibrahim. I-ERG friend. DAT house. ABS make.INF I-begin-PST.EVID

'Ibrahim began, for himself, to build a house for his friend.'

[采兹语 (Tsez) , Polinsky & Potsdam, 2006]

b. Thimithike proi panikovlitos na svisi o Janisi to fos.

Remembered. 3SG panicking. M. PRT switch. off Janis the light

'Janis remembered in panic to switch off the light.'

(希腊语 , Alexiadou, et al. , 2010)

朗道（Landau, 2013: 120-123）指出采兹语中只允准后向控制的动词为 begin、stop、continue 等体动词，而且在提升与控制解读上存在歧义，而其他控制动词只允准前向控制。因此，笔者推测例（171a）中，主句动词 begin 为提升动词。不定式子句 T 可以核查子句主语的作格，并且子句为 TP 子句，子句主语可以进入下一阶段的句法运算，与主句 T 进行内部合并，核查 T 的特征并获得格位。在循环转换阶段，底层拷贝被拼读出来，而顶层拷贝删除。其内部合并的动因有待进一步印证，可能与话题或焦点结构相关。因为与采兹语类似的希腊语和罗马尼亚语允准后向控制和正常的前向控制两者变体，但其具体选择与焦点结构有关。

五、结　语

从跨语言的经验事实来看，情态助动词可被区分为提升与控制两类结构。提升情态助动词不限制主语的语义内涵，允准形式主语 there、无生命名词短语、习语块作主语；不允准补足语子句删除或移位；补足语子句不允准焦点化，出现在假拟分裂结构中；允准子句带完成体标记；子句表达主动态和被动态不影响句子的真值条件；与控制情态助动词连续连用时，只能出现在其前面，不能出现在后面。控制情态助动词的句法特征正好与提升情态助动词相补充，只允准有生命的名词短语作主语；允准补足语子句删除或移位；允准子句焦点化；一般不带动词的完成体形式；主句表达主动态和被动态具有不同的真值条件；与提升情态助动词连用，只能位于其后。情态助动词的形式句法研究为当前提升与控制现象注入新的活力，如提升与控制情态助动词的子句 Q 格动词现象表明非定式子句 T 能核查子句词汇主语和空主语的格位，提升情态助动词的定式与非定式子句研究表明非定式 TP 子句允准论元移位，但 CP 语段阻碍论元移位。

基于情态助动词的形式句法研究，本章简要讨论了与其相关的理论假设，认为“移位论、控制移位论、移位与控制理论、一致理论”都在理论上或经验事实上存在较大的挑战，在最简方案框架下提出了基于特征核查的移位与控制假设。其中，提升假设认为：提升动词的不定式子句中心 T 核查子句主语格位，EPP 特征驱动子句主语移位，但 CP 语段会阻碍子句主语的论元移位。控制假设认为：控制动词的不定式子句中心 T 核查空主语 PRO 格位，并且 PRO 与最近成分统治它的先行语同标。依此，本章从理论上摆脱了 ECM 假设或提升至宾语假设，但仍维持带不定式子句的三类结构。

(172) 第一类，控制结构：DP+及物动词+PRO+TPInf；
第二类，ECM 结构：DP+及物动词+DP+TPInf；
第三类，提升结构：Ø+不及物动词+DP+TPInf。

这三类结构的不定式子句可以是 CP 子句，也可以是 TP 子句。控制结构对非定式 CP 子句的允准具有语言的差异，即使允准非定式 CP 子句的语言，C 的省略与否受具体动词的制约。提升结构和 ECM 结构带 CP 子句，CP 语段阻碍子句主语的论元移位。

本章提出的假设可以统一解释控制结构中不定式子句 T 核查空主语 PRO 的格位与提升结构中不定式子句 T 核查子句词汇主语的格位的现象，并在此基础上提出基于内部合并的拷贝假设。内部合并只针对词项，不涉及特征，而且特征赋值和不可诠释特征删除是发生在循环转换阶段，因此拷贝成分并不携带格位。在循环转换阶段，论元链一般只拼读出最顶层的拷贝，而底层的拷贝删除，但存在语言变异。笔者仍然维持题元准则这一与句法语义界面密切相关的基本准则，并不赞同一个句法成分承担多个题元角色的理论假设，也不赞同将题元角色特征化，分析为动词上的可诠释特征。此外，多重题元假设在经验事实上较难处理多个谓词连续连用的现象。以汉语为例：

（173）a.[$_{TP}$我$_i$打电话$_j$[$_{TP}$ PRO$_i$叫了辆汽车$_k$[$_{TP}$ PRO$_i$上医院$_n$[$_{TP}$ PRO$_i$去[$_{TP}$ PRO$_i$看病]]]]]。

b.[$_{TP}$我$_i$请经理$_j$[$_{TP}$ PRO$_j$派个司机$_k$[$_{TP}$ PRO$_k$送这个孩子$_n$[$_{TP}$ PRO$_n$回学校]]]]。

c.[$_{TP}$他$_i$写信$_j$[$_{TP}$ PRO$_i$请求组织上$_k$[$_{TP}$ PRO$_k$允许小李$_n$[$_{TP}$PRO$_n$到这儿来[$_{TP}$PRO$_n$工作]]]]]。

（胡波,2010）

例（173）中，每句话都有四至五个动词。根据多重题元假设，（a）句的第一个动词的外论元承担五个题元角色，句中的空主语 PRO 都与该外论元同标。（b）句中第一个动词的外论元只承担一个题元角色，而句中的空主语 PRO 只与其最近的论元同标。（c）句中第一个动词的外论元承担两个题元角色，即从前至后的第一个空主语 PRO 与该论元同标，而第二个和第三个空主语只 PRO 与最近的论元同标，第四个空主语 PRO 与第三个空主语 PRO 同标。

参考文献

一、中文文献

[1]蔡维天. 谈汉语模态词的分布与诠释之对应关系[J].中国语文,2010(3):208-221.

[2]曹逢甫. 汉语的提升动词[J].中国语文,1996(3):172-182.

[3]曹逢甫. 汉语的句子与子句结构[M].北京:北京语言大学出版社,2005.

[4]陈昌来. 现代汉语语义平面问题研究[M].上海:学林出版社,2003.

[5]陈莉,李宝伦,潘海华. 汉语否定词“不”的句法地位[J].语言研究,2013(4):337-348.

[6]陈振宇. 疑问系统的认知模型与运算[M]. 上海:学林出版社,2010.

[7]陈勇. “一定”的虚化及两种语义的分化[J].武汉科技大学学报(社会科学版),2011(5):605-609.

[8]高亮. 意愿情态动词的意愿等级[J].语言教学与研究,2017(5):26-33.

[9]高明乐,郭献庭. 从空语类看英语和汉语的不同语法特点[J].外语研究,2003(3):28-32.

[10]胡波. 空主语 PRO 和现代汉语控制结构[J].语言学论丛,2010(42):296-313.

[11]胡波. 汉语情态助动词的提升与控制[J].当代语言学,2015(2):159-171,249-250.

[12]胡波,文卫平. A+I 结构主动词后名词短语的句法分析

[J].现代外语,2007(1):11-18,108.
[13]胡建华.英、汉语空语类的分类、分布与所指比较研究[J].外国语,1997(5):38-45.
[14]胡裕树,范晓.动词研究[M].开封:河南大学出版社,1995.
[15]黄和斌,戴秀华.双重情态助动词的句法、语义特征[J].外语与外语教学,2000(3):24-27,30.
[16]黄正德.汉语生成语法:汉语中的逻辑关系及语法理论[M].哈尔滨:黑龙江大学,1983.
[17]黄正德.说"是"和"有"[J].历史语言研究所集刊,1988(59):43-64.
[18]金立鑫."时""体"范畴的本质及其蕴涵共性[C]//程工,刘丹青.汉语的形式与功能研究.北京:商务印书馆,2009:322-345.
[19]李京廉.汉语控制的生成语法研究[M].北京:科学出版社,2009.
[20]李京廉,刘娟.汉语的限定与非限定研究[J].汉语学习,2005(1):19-24.
[21]李京廉,朱玉山.最简方案框架下的控制与移位[J].外国语,2006(1):35-44.
[22]李明.汉语助动词的历史演变研究[D].北京:北京大学,2001.
[23]刘爱英,韩景泉.论英语系动词结构[J].现代外语,2004(4):360-369,437.
[24]刘丹青,徐烈炯.焦点与背景、话题及汉语"连"字句[J].中国语文,1998(4):3-5.

[25]刘红. 空语类 PRO 的句法分析——兼谈 PRO 在汉语的几种句式中的分布[J].外语与外语教学,2006(10):50-52.
[26]刘鑫民. 现代汉语句子生成问题研究[M].上海:华东师范大学出版社,2004.
[27]陆俭明,沈阳. 汉语和汉语研究十五讲[M].北京:北京大学出版社,2003.
[28]吕叔湘. 汉语语法分析问题[M].北京:商务印书馆,1979.
[29]吕叔湘. 现代汉语八百词(增订本)[M].北京:商务印书馆,2005.
[30]马志刚. 基于最简方案最新进展的提升和控制结构句法诊断新论[J].广东外语外贸大学学报,2010(5):24-29.
[31]彭利贞. 现代汉语情态研究[M].北京:中国社会科学出版社,2007.
[32]饶萍. 空语类 PRO 在英、汉语中的照应特征[J].天津外国语学院学报,2004(2):25-30.
[33]沈家煊. 不对称和标记论[M].南昌:江西教育出版社,2004.
[34]沈阳. 现代汉语空语类研究[M].济南:山东教育出版社,1994.
[35]沈双胜. 汉语兼语式谓语与汉英对应表达[J].四川外语学院学报,2004(4):93-96.
[36]石定栩. 乔姆斯基的形式句法[M].北京:北京语言文化大学出版社,2002.
[37]石毓智. 汉语的定式动词和非定式动词之别[J].世界汉

语教学,2001(2):23-27.
[38]石毓智. 汉语语法[M].北京:商务印书馆,2010.
[39]孙洪波,王广成. 生成语法的新拓展——《控制与提升分析的新视野》评价[J]. 山东外语教学,2009(1):100-103.
[40]王德忠. 汉语空主语的分类和所指[J].解放军外国语学院学报,1999(4):3-5.
[41]王莹莹,潘海华. 排序语义与"能"和"可以"的语义和句法分析[J].当代语言学,2019(3):385-399.
[42]温宾利. 当代句法学导论[M].北京:外语教学与研究出版社,2002.
[43]熊学亮,梁晓波. 论典型致使结构的英汉表达异同[J].外语教学与研究,2004(2):90-96.
[44]徐烈炯,沈阳. 题元理论与汉语配价问题[J].当代语言学,1998(3):3-5.
[45]阎勇. 汉语提升动词初探[C].程工,刘丹青. 汉语的形式与功能研究. 北京:商务印书馆,2009:296-304.
[46]杨大然. 现代汉语使动结构的 ECM 现象研究[J].现代外语,2003(4):365-372.
[47]杨大然. 兼语句的语义分类及其空语类的句法分布[J].解放军外国语学院学报,2006(1):23-28.
[48]杨亦鸣. 语言理论假设与神经语言学研究[C].沈阳,冯胜利. 当代语言学理论和汉语研究. 北京:商务印书馆,2008:457-486.
[49]游汝杰. 现代汉语兼语句的句法和语义特征[J].汉语学习,2002(6):1-6.

[50]张伯江. 认知观的语法表现[J].国外语言学,1997(2):15-19.

[51]张志恒. 从制图理论探索汉语话题与焦点的分布[J].现代外语,2013(1):10-17,108.

[52]赵元任. 中国话的文法(增订版)[M].香港:中文大学出版社,2002.

[53]朱德熙. 语法答问[M].北京:商务印书馆,1985.

[54]朱德熙. 语法讲义[M].北京:商务印书馆,1982.

[55]朱冠明.《摩诃僧祇律》情态动词研究[D].上海:复旦大学,2002.

二、外文文献

[56] Aelbrecht, L. You have the right to remain silent: The syntactic licensing of ellipsis [D]. Brussels: Catholic University of Brussels, 2009.

[57] Alexiadou. A, E. Anagnostopoulou, G. Iordachioara, et al. No objections to backward control[M]//N. Horastein, M. Polinsky. Movement Theory of Control, 2010: 89-117.

[58] Alya, A. & H. Anna. Syntax and Semantics of Tagalog Modals [C].Proceedings of the Twelfth Annual Conference of the Austronesian Formal Linguistics Association(AFLA), 2005.

[59] Anderson G. D. S. Auxiliary verb constructions[M].Oxford: Oxford University Press, 2006.

[60] Bach, E. Control in Montague Grammar[J]. Linguistic Inquiry, 1979(10): 515-531.

[61] Barbiers, S. Modality and Polarity[C]//S. Barbiers en F.

Beukema(eds.). Modality in generative grammar. Amsterdam: John Benjamins, 1999: 53-73.

[62] Barbiers, S. The Syntax of Modal Auxiliaries [C]//Martin Everaert and Henk Van Riemsdijk. The Blackwell Companion to Syntax, Volume V. Malden, MA: Blackwell, 2006: 1-22.

[63] Benincà, P. & C. Poletto. Bisogna and its companions: the verbs of necessity [C]//G. Cinque, J. -Y. Pollock, L. Rizzi & R. Zanuttini. Paths towards universal grammar. Georgetown: Georgetown University Press, 1994: 35-57.

[64] Boeckx, C. & N. Hornstein. Reply to "control is not movement" [J]. Linguistic Inquiry, 2003, 34: 269-280.

[65] Boeckx, C. , N. Hornstein & J. Nunes. Control as movement [M]. Cambridge: Cambridge University Press, 2010.

[66] Brennan, V. Root and epistemic modal auxiliary verbs [D]. Philadelphia: University of Pennsylvania, 1993.

[67] Chomsky, N. Aspects of the theory of syntax [M]. Cambridge, MA. : MIT Press, 1965.

[68] Chomsky N. Quine's empirical assumptions [J]. Synthese, 1968(19): 53-68.

[69] Chomsky, N. Problems of knowledge and Freedom [M]. New York: Pantheon Books, 1971.

[70] Chomsky, N. Conditions on Transformations [C]//S. Anderson and P. Kiparsky. A Festschrift for Morris Halle. New York: Holt, Reinhart and Winston, 1973: 232-286.

[71] Chomsky, N. Lectures on government and binding [M]. Dor-

drecht:Foris,1981.

[72] Chomsky,N. Some Concepts and Consequence of the Theory of Gouernment and burlrding [M]. Cambrrdge: MIT Press,1982.

[73] Chomsky, N. Barriers [M]. Cambridge, MA. : MIT Press,1986.

[74] Chomsky,N. Some Notes on Economy of Derivation and Representation[C]//Robert Freidin. Principles and Parameters in Comparative Grammar. Cambridge, MA: MIT Press, 1991:417-454.

[75] Chomsky,N. The minimalist program[M]. Cambridge, MA. :MIT Press,1995.

[76] Chomsky, N. Minimalist inquiries: the framework[C]//R. Martin,D. Michaels,and J. Uriagereka. Step by Step:Essays on minimalist syntax in honor of Howard Lasnik. Cambridge, MA. :MIT Press,2000:89-155.

[77] Chomsky,N. Derivation by Phase[C]//M. Kenstowicz. Ken Hale: A Life in Language. Cambridge, MA: MIT Press, 2001:1-52.

[78] Chomsky,N. Problems of projection[J].Lingua,2013,130: 33-49.

[79] Chomsky,N. Beyond explanatory adequacy[C]//A. Belletti. Structure and beyond:The cartography of syntactic structures. Oxford:Oxford University Press,2004:104-131.

[80] Chomsky,N. Three factors in language design[J].Linguistic Inquiry,2005,36:1-22.

[81] Chomsky, N. On Phases[M]//C. Otero et al. Foundatinal Issues in Honor of Jean-Toger Vergnaud. Cambridge MA: MIT Press, 2008.

[82] Chomsky, N. & H. Lasnik. Filters and control[J]. Linguistic Inquiry, 1977, 8: 425-504.

[83] Chomsky, N. & H. Lasnik. The theory of principles and parameters[C]//J. Jacobs, A. Von Stechow, W. Sternefeld and T. Vennemann. Syntax: An international handbook of contempory research. Berlin: Mouton de Gruyter, 1993: 506-569.

[84] Cole, P. & G. Hermon. Subjecthood and Islandhood: Evidence from Quechua[J]. Linguistic Inquiry, 1981, 12: 1-30.

[85] Comrie, B. Subject and Object Control: Syntax, Semantics and Pragmatics[J]. BLS, 1984, 10: 450-464.

[86] Cook, V. & M. Newson. Chomsky's Universal Grammar: An Introduction[M]. Beijing: Foreign Language Teaching and Research Press, 1996.

[87] Culicover, P. & R. Jackendoff. Control is not Movement[J]. Linguistic Inquiry, 2001, 32, 493-512.

[88] Culicover, P. & R. Jackendoff. The Semantic Basic of Control in English[J]. Language, 2003, 79: 517-556.

[89] Dalmi, G. The role of agreement in non-finite predication[M]. Amsterdam: John Benjamins Publishing Company, 2005.

[90] Davies, W. D. & S. Dubinsky. On extraction from NPs[J]. Natural Language and Linguistic Theory, 2003, 21: 1-37.

[91] Davies W. D. & S. Dubinsky. The grammar of raising and control: A Course in syntactic argumentation [M]. Malden, MA. : Blackwell, 2004.

[92] Davies, W. D. & S. Dubinsky. New Horizons in the Analysis of Control and Raising[M]. Dordrecht: Springer, 2008.

[93] Davidsen-Nielsen, N. Auxiliaries in English and Danish[J]. Papers and Studies in Contrastive Linguistics, 1990, 25: 5-21.

[94] Drubig, H. On the syntactic form of epistemic modality[D]. Tübingen: University of Tübingen, 2001.

[95] Dyvik, H. The universality of f-structure: Discovery or stipulation? the case of modals[C/OL]//M. Butt, & T. H. King. Proceedings of the LFG 1999 conference. Stanford, CA: CSLI Publications, 1999. http://web. stanford. edu/group/csli-publications/cslipublications/LFG/4/lfg99dyvik.pdf.

[96] Eide, K. M. Norwegian modals[D]. Norwegian University of Science and Technology, 2002.

[97] Ernst, T. Functional categories and the Chinese inflexion[J]. Linguistics, 1994, 32: 191-212.

[98] Ferreira, U. Argumentos Nulos em Português Brasileir[D]. [S. l.] Universidade Estadual de Campinas, M. A. thesis.

[99] Fortin, C. R. The syntax of 'standard' Indonesian modals [C]. On Proceeding of the 22nd annual conference of the southeast Asian linguistics society. Agay, France, 2012.

[100] Gallego, Á. J. Phase Theory[M]. Amsterdam: John Benjamins, 2010.

[101] Ghomeshi, J. Control and Thematic Agreement [J]. Canadian Journal of Linguistics, 2001, 46: 9-40.

[102] Haddad, Y. A. Why things may move: Evidence from (circumstantial) control [J]. Journal of East Asian Linguistics, 2010(3): 45-63.

[103] Hashemipour, M. M. Pronominalization and control in Modern Persian (Persian syntax) [D]. University of California, San Diego, 1989.

[104] Hornstein, N. Movement and control [J]. Linguistic Inquiry, 1999, 30: 69-96.

[105] Hornstein, N. Move! A Minimalist Theory of Construal [M]. Oxford: Blackwell, 2001.

[106] Hornstein, N. On Control [C]//R Hendrick. Minimalist Syntax. Oxford: Blackwell, 2003: 6-81.

[107] Hornstein, N. Deriving c-command [M]. Ms. , University of Maryland, 2005.

[108] Hornstein, N. A theory of syntax: Minimal Operations and Universal Grammar [M]. Cambridge: Cambridge University Press, 2009.

[109] Hornstein N. & H. Kiguchi. PRO Gate and Movement [J]. University of Pernsylvania Working Papers in Linguistics, 2003(8): 101-114.

[110] Hu, J. -H. Prominence and Locality in Grammar: The Syntax and Semantics of Wh-questions and Reflectives [D]. Hongkong: City University of Hongkong, 2002.

[111] Hu, J. -H. , Pan, H. -H. & Xu, L. -J. Is there a Finite vs

Nonfinite Distinction in Chinese? [J]. Linguistics, 2001, 39:1117-1148.

[112] Huang, C. -T. James. On the distribution and reference of empty pronouns [J]. Linguistic Inquiry, 1984, 15: 531-574.

[113] Huang, C. -T. James. Remarks on Empty Categories in Chinese[J].Linguistic Inquiry, 1987, 18:321-337.

[114] Huang, C. -T. James. Pro-drop in Chinese: A generalized control theory[C]//O. Jaeggli and K. Safir. The Null Subject Parameter. Dordrecht: Kluwer, 1989:185-214.

[115] Huang, C. T. James. Reconstruction and the Structure of VP: Some Theoretical Consequences [J]. Linguistic Inquiry, 1993, 24:103-138.

[116] Huang, C. -T. James & Li, Y. -H. Andrey & Li, Ya Fei. The Syntax of Chinese [M]. Cambridge: Cambridge University Press, 2009.

[117] Huang, Yan. On hull subjects and null objects in generative grammar[J].Linguistics, 1995, 336, 1081-1123.

[118] Jackendoff, R. & P. W. Culicover. Control is not Movement [J].Lingurstic Inquiry, 2001, 32(3):493-512.

[119] Jackendoff, R. & P. W. Culicover. The semantic basis of control in English[J].Language, 2003, 79:517-556.

[120] Karimi, S. Raising and control in Persian[C]//S. , Karimi, V. Samiian, and D. Stilo. Aspects of Iranian linguistics. Newcastle upon Tyne, UK: Cambridge Scholars, 2008:177-208.

[121] Lakoff, G. & Ross J. R. Is Deep Structure Necessary? Un-

published paper, MIT. Reprinted in J. D. McCawley. Notes From The Linguistic Underground. New York: Academic Press, 1967: 159-164.

[122] Landau, I. Elements of Control [D]. MIT. Cambridge, Mass, 1999.

[123] Landau, I. Elements of Control: Structure and Meaning in Infinitival Constructions [M]. Dordrecht: Kluwer Academic Publishers, 2000.

[124] Landau, I. Control and Extraposition: The Case of Super-Equi [J]. Natural Language and Linguistic Theory, 2001, 19, 109-152.

[125] Landau, I. Movement out of control [J]. Linguistic Inquiry, 2003, 34: 471-498.

[126] Landau, I. The scale of finiteness and the calculus of control [J]. Natural Language and Linguistic Theory, 2004, 22: 811-877.

[127] Landau, I. Severing the Distribution of PRO from Case [J]. Syntax, 2006, 9: 153-170.

[128] Landau, I. Two Routes of Control: Evidence from Case Transmission in Russian [M]. LingBuzz. April posting, 2007.

[129] Landau, I. Two routes of control: Evidence from case transmission in Russian [J]. Natural language & Linguistic Theory, 2008, 26(4): 877-924.

[130] Landau, I. The explicit syntax of implicit arguments [J]. Linguistic Inquiry, 2010, 41: 357-388.

[131] Landau, I. Control in generative grammar[M]. Cambridge: Cambridge University Press, 2013.

[132] Landau, I. A two-tiered theory of control[M]. Cambridge, MA. : MIT Press, 2015.

[133] Lasnik. Howard & Mamuro Saito. On the subject of infinitives [C]//L. M. Dobrin, L. Nichols, and R. M. Rodriguez. Chicago Linguistic Society 27th: The General Session. Chicago: University of Chicago, 1991:324-343.

[134] Li, C. N. & A. S. Thompson. Mandarin Chinese: a Functional Reference Grammar[M]. Los Angeles: University of California Press, 1981.

[135] Li, Y. H. A. Order and Constituency in Mandarin Chinese [M]. Dordrecht: Klumer, 1990.

[136] Lin, J. -W. & C. -C. Tang. Modals as Verbs in Chinese: A GB Perspective [J]. Collection of "Sinica. Academia", 1995, 66:53-105.

[137] Lin, T. -H. Jonah. Finiteness of Clauses and Raising of Arguments in Mandarin Chinese [J]. Syntax, 2011, 14: 48-73.

[138] Lin, T. -H. Jonah. Multiple-modal Constructions in Mandarin Chinese and their finiteness properties[J]. Joural of Linguistics, 2012, 48:151-186.

[139] Lødrup, H. Properties of Noruogian anxiliaries [C]. Ottósson. K. G. Procolling of the 9th international conferenle of Nordic and geneml Linguistics. Oslo. Novas, 1996:216-228.

[140] Martin, R. Null case and the distribution of PRO[J]. Linguistic Inquiry, 2001, 32: 141-166.

[141] Martins, A. M, J. Nunes. Rarsing rssues in Brazilran and Eropean Portuguese[J]. Journd of Portuguese Lingurstics, 2005(4): 53-77.

[142] McCawley, J. D. English as a VSO language[J]. Language, 1970, 46: 286-299.

[143] McCawley, J. D. Tense and time reference in English [C]//C. J. Fillmore, D. E. Langendoen. Studies in linguistic semantics. New York: Holt, Rinehart, and Winston, 1971: 96-113.

[144] Manzini, M. R. On Control and Control Theory [J]. Linguistic Inquiry, 1983, 14: 421-446.

[145] Miller, D. G. Nonfinite structures in theory and change [M], Oxford: Oxford University Press, 2002.

[146] Mohanan, K. P. Infinitival Subjects, Government, and Abstract Case [J]. Linguistic Inquiry, 1982, 13 (2): 323-327.

[147] Nunes, J. Inherent case as a licensing condition for A-movement: the case of hyper-raising constructions in Brazilian Portuguese[J]. Journal of Portuguese Linguistics, 2008 (7): 83-108.

[148] Palmer, F. R. Mood and Modality[M]. Cambridge: Cambrrdge University Press, 1986.

[149] Palmer, F. R. Mood and Modality[M]. Cambridge: Cambridge University Press, 2001.

[150] Pan, H. -H. Locality, Self-ascription, Discourse Prominence, and Mandarin Reflexives[D]. The University of Texas at Austin, 1995.

[151] Pan, H. -H. Constraints on Reflexivization in Mandarin Chinese[M].New York: Garland Publishing, 1997.

[152] Pan, H. -H. Why the Blocking Effect? [C]//Peter Cole, Gabriella Hermon and James Huang. Long Distance Reflexives. Washington: Academic Press, 2001:279-316.

[153] Polinsky, M. & E. Potsdam. Expanding the scope of control and raising[J].Syntax, 2006(9):171-192.

[154] Postal, P. M. On Coreferential Complement Subject Deletion [J].Linguistic Inquiry, 1970(1):439-500.

[155] Postal, P. M. On raising [M]. Cambridge, MA. : MIT Press, 1974.

[156] Pullum, G. &D. Wilson. Autonomous syntax and the analysis of auxiliaries[J].Language, 1977, 53:741-788.

[157] Radford, A. Syntax: A Minimalist Introduction [M]. Beijing: Foreign Language Teaching and Research Press, 1997.

[158] Radford, A. Minimalist Syntax: Exploring the Structure of English [M]. Cambridge: Cambridge University Press, 2004.

[159] Rizzi, L. On the form of chains: Criterial positions and ECP effects[C].Cheng. L. S. L & CoverN. Wh-movement: Moving on. Cambridge, MA: MIT Press, 2006:97-134.

[160] Rosenbaum, P. S. The grammar of English predicate com-

plement constructions [M]. Cambridge, MA. : MIT Press, 1967.

[161] Rosenbaum, P. S. A principle governing deletion in English sentential complementation[C]//R. A. Jacobs and P. A. Rosenbaum. Readings in English transformational grammar. Waltham, MA. : Ginn and Company, 1970: 20-29.

[162] Ross, J. R. Auxiliaries as main verbs [C]//W. Todd. Studies in philosophical linguistics. Evanston: Great Expectations Press, 1969: 77-102.

[163] Runner, J. T. The accusative plus infinitive construction in English [EB/OL]. http://www. ling. rochester. edu/faculty/runner/dnload/RunnerECM. pdf, 2006.

[164] Sag, I. A. & C. Pollard. An Integrated Theory of Complement Control[J]. Language, 2003, 67: 63-113.

[165] Seiter, W. J. Subject-Direct Object Raising in Niuean[C]//D. M. Perlmutter. Studies in Relational Grammar 1. Chicago: University of Chicago Press, 1983: 317-359.

[166] Seuren. P. A. M. Chomsky's Minimolism [M]. Oxford: Oxford University Press, 2004.

[167] Sigurðsson, H. Icelandic case marked PRO and the licensing of lexical arguments [J]. Natural Language and Linguistic Theory, 1991, 9: 327-363.

[168] Sigurðsson, H. The Case of PRO [M]. LingBuzz. March Posting, 2007.

[169] Sigurðsson, H. The case of PRO[J]. Natural Language and Linguistic Theory, 2008, 26: 403-450.

[170] Sundaresan, S. & T. Mcfadden. Subject distribntion and finiteness in Tamil and other Languages: Selection VS. Case [J]. Journal of South Asian Linguistics, 2009(1): 5-34.

[171] Tang, Yan-chi. Finite and nonfinite clauses in Chinese[J]. Language and Linguistics, 2000(1): 191-214.

[172] Terzi, A. PRO in finite clauses: A study of the inflectional heads of the Balkan languages [D]. New York University, 1992.

[173] Thrάinsson, H. & S. Vikner. Modals and double modals in the Scandinavian languages[C]//Vikner et al. Working papers in Scandinavian syntax, 1995(55): 51-88.

[174] Tόth, I. Va-and Vάn-participles in Hungarian [C]//I. Kenesei. Approaches to Hungarian, 2000, 7: 237-259.

[175] Vander, K. Tense, aspect, and modal markers in Paciran Javanese[D]. McGill University, 2012.

[176] Visser, F. T. An Historical Syntax of the English Language [M]. Leiden: E. J. Brill, 1963-1973.

[177] Wurmbrand, S. Modal verbs must be raising verbs[C]// Bird, S. , A. Carnie, J. Haugen, and P. Norquest. The proceedings of WCCFL18. Somerville, MA: Cascadilla, 1999: 599-612.

[178] Wurmbrand, S. Syntactic versus Semantic Control[C]//C. Jan-wouter Zwart and W. Abraham. Studies in Comparative Germanic Syntax. Amsterdam: John Benjamins, 2002: 95-129.

[179] Wurmbrand, S. Tense in Infinrtives [R]. Haruard

University: LSA Linguistic Workshop New Horrions in the Grammer of Raising and Control, 2005: 8-10.

[180] Xu, Liejiong. Towards a Lexical-semantic Theory of Control [J]. Linguistic Review, 1986, 5: 345-376.

[181] Xu, Liejiong. Choice Between the Overt and the Covert [J]. Transactions of the Philological Society, 2003 (1): 81-107.

[182] Yanti. The modal auxiliary Biso 'can' in Jambi Malay [C]//Proceedings of the international workshop on TAM and evidentiality in Indonesian languages. Tokyo: Tokyo University, 2011: 65-72.

[183] Zubizarreta, M. L. On the relationship of the lexicon to syntax [D]. Cambridge, MA: MIT, 1982.

后　记

提升与控制理论是我进入形式句法领域的第一个感兴趣的话题,并一直持续研究到现在。我对这一话题的关注始于2004年。我那时跟随文卫平教授学习形式语言学，一次机缘巧合在网络上接触到戴维斯和杜宾斯基（Davies & Dubinsky, 2003）的关于“Raising（and Control）”的论文，对这个话题马上产生了浓厚的兴趣，开始研读提升与控制理论的相关论著，并尝试结合汉语语言现象探究提升与控制结构。2004年，戴维斯和杜宾斯基合作编著的《提升与控制的语法》（*The Grammar of Raising and Control*）在形式语言学界产生巨大的影响。随后一年，美国语言学会（LSA）在哈佛大学召开了“提升与控制分析”的研讨会，会后相关论文被结集出版为《提升与控制分析的新视野》（*New Horizons in the Analysis of Control and Raising*）。受这一系列学术活动的激励，我在导师的指导下于2006年写了第一篇关于提升结构的论文《A+I结构主动词后名词短语的句法分析》，并发表于《现代外语》2007年第1期。此后，我持续关注汉语的提升与控制研究，并于当年基于控制理论完成了我的硕士学位论文《论汉语控制结构》。

硕士毕业后，我仍感到对句法理论的学习比较欠缺，因此在2008~2009年暑假期间先后参加了在北京大学和北京语言大学举办的语言学暑期班，认识了很多志同道合的学界同仁，并深入思考了汉语控制现象中的一些问题，于2010年在《语言学论丛》发表了《空主语PRO和现代汉语控制结构》；2012年论文《汉语情态动词的提升与控制》荣获第十四届当代语言学国际研讨会青年学者优秀论文二等奖。随着我对控制结构研究的深入，更多的理论语言现象进入了我的视野，我也发现自己所学的非常有限，需要更系统地学习形式语言学。这一时期，中国理论语言学的一批国际知名学者如潘海华教授、李行德教授、张洪明教授、胡建华教授、李亚非教授等齐聚北京，发起成立了中国语言学书院。我非常有幸地成为书院一期的学生，开始系统学习理论语言学。也是那一年，我非常荣幸地成为北京语言大学吴平教授的博士生，开始了紧张充实的博士求学生涯。一年的时间分为两部分，学期中我聆听着导师和北语老师的精彩授课；暑假期间则在书院接受更为系统的理论学习。这样持续了三年，成为我人生中最宝贵的一段学习时间，让我至今难以忘怀。这段时间，我以汉语情态助动词为研究目标，全面地考察了这类动词的句法语义特征，并结合提升与控制理论，完成了博士学位论文《汉语情态助动词的提升与控制》。

从 2004 年的研究生入门，到 2015 年的博士毕业，一直到今天，我在形式语言学的研究道路上坚持了下来，在句法的提升与控制研究上才有了本书的这些成果。本书将激励我不负韶华，砥砺前行。